私学としてのキリスト教大学

教育の祝福と改革

倉松 功

聖学院大学出版会

目次

六 折にふれて

序章

1　私学の位置

今日の日本は「第三の開国の時代」といわれます。評論家の石川好氏、自民党の指導者たちは第三の開国を自民党一党支配や五五年体制、あるいは官体制の改革と考えていました。その他に、新しい技術革新を主張しているわが国を代表する自然科学者もいます。私はそれらとは全く次元の異なることを考えています。

第一の開国は言うまでもなく、黒船到来による開国、日本の世界に向けての近代化の開始です。この日本の第一の開国を教育・学問・文化の側面から考えてみますと、第一の開国の思想は福澤諭吉『学問のすすめ』に結実したと解することができます。『学問のすすめ』は「天は天の上に人を造らず、人の下に人を造らず」と一七九〇年アメリカの独立宣言を引用し、人間の尊厳と自由と平等を訴えました。それだけでなく、国民が政府を造るという、「国民の国民による国民のための政府」も主張しました。しかし、一九世紀後半、二〇世紀前半の日本は、上からの、官の指導による近代化によらざるをえませんでした。福澤の志が実現するには時期尚早でした。

第二の日本の開国は太平洋戦争の敗戦です。敗戦による第二の開国の教育・学問・文化的意味で最も重要なものは日本国憲法と教育基本法、私立学校法などに明白に表れています。そこに見られる開国の意味は福澤のように個人としてでなく、国家として基本的人権を受け入れ、それに基づいて自由なデモクラシー社会を建設しようという国家的意志の表明でした。しかし、それらは充分に実現されませんでした。第二の開国においても、憲法にも教育基本法にも私立学校法にも、先進自由主義諸国のそれに比して、人間の自由と平等に関わる基本的人権に関しては、不充分にしか受容されていません。特に、教育・学問に直接関係する基本的人権はあまり考えられていなかったのではないかと思われる程です。すなわち、国連の世界人権宣言はもとより、先進自由主義国家としては後発と言ってよいドイツ、イタリアの憲法にもうたわれている親の子供に対する教育の優先権、結社の自由に基づく私学の設立権という個人↓中間社会↓国家という思想構造は全く見られません。

今日は第三の開国の時代です。第三の開国の教育・学問・文化的問題は、教育・文化・学問の世界だけでなく我が国の個人と社会の関係、社会と国家の関係そのものの構造に衝撃を与えています。そして改めて我が国の第一開国に立ち返って、我が国の教育、学問、文化のコンセプトと構造を問い、第二の開国で果たさなかった社会と国家の構造改革を求めているように思います。

具体的に、何を申し上げたいかを提示させていただきたいと思います。

個人と国家（地方や国の政府）の中間にある諸法人、学校、企業などが行っている民間の事業に対して競争（地方や国の）事業は差し控える。国立、国営、県立、県営の施設、設備、企業、団体の設立は最小限にとどめる。企画していることが同じであれば、中間にある民間の法人、企業、学校に譲る、政府が企画していたことに付けていた予算のいくらかを補助金としてそれらの民間団体に交付する。

そのようにすると下からの自由な発意をいかせるし、（地方・中央）政府も採算のとれない仕事によって赤字を増やすことは少なくなるでしょう。そして社会も活性化するでしょう。この点で約一五〇年前、J・S・ミルは政府（地方や国の政府）の規制（干渉）に反対する三つの理由を挙げていることを思い出します。

ミルがあげている第一の理由、それは原則的、一般的な理由です。政府がしなければならないことは、例外は別にして政府によってなされるよりも個人もしくはその仕事に利害関係をもっている人々によってなされるのが適している。第二の理由、個人よりも政府の人間が巧みに処理できる場合が多いにしても個人の能力を強化し、個人に問題を精通させたり、市民の団体によって経営させる方が多様性を生み出す。例えば、政府が国民を一律に教育することは国民を鋳型に入れることになる。親の教育権が大部分政府に委ねられていて行使できなくなっている。親の教育権が一般的に承認されていない。第三の理由、政府は既に行っている機能に新たな機能を付け加える度に、勢力を拡大する（大きくなる）。政府の規制・干渉を制限する最大の理由は不必要に政府の権力を増大させず、小さな政府を目指すことである。

今日本で行われている構造改革の実体は解かりませんが、改革の思想には上記と通じるものがあれば幸いと思います。

（原題「第三の開国」。大学広報誌「ウーラノス」二〇〇二年二月）

2　キリスト教学校の祝福

東北学院は一八八六年（明治一九年）、仙台神学校として開校し、その六年後、一八九二年、明治二五年、東北学院と改称した。改称の際の官庁への届出によると、「キリスト教主義をもって完全な高等普通教育を行う」という教育目的を明記した東北学院憲法を理事会で制定している。この憲法を制定した時の理事会のメンバーの中に三校祖に並んで日本プロテスタントを代表する人物の一人、植村正久の名前が見える。

ともあれ東北学院と改称した際の憲法と題するものに謳っている「キリスト教主義をもって完全な高等普通教育を行う」というこの言葉に注目させられる。

注目する第一は、その時東北学院は、六年前の創立時に志していた高等普通教育を行う教育機関として出発することができたということである。またそれによって必然的に、既に行われていたキリスト教神学の専門教育を中心にした高等普通教育（リベラル・アーツ教育）を行う機関となった。これが今日のキリスト教学科を有する東北学院大学のプロートティポス（原型、模範）ということができる。その後一八九五年（明治二八年）に、第二次世界大戦後まで続く五年制の中等教育の普通科が設けられ、今日の東北学院中学・高等学校、同榴ヶ岡高等学校、東北学院大学、同大学院の形態を持った総合学園となったのである。

次に、東北学院に課せられ、委託されている教育について少し考えてみたい。カトリック、プロテスタントを問わずキリスト教の立場からすると、子供に対する教育の優先的権利は親にある。このことは今日国連の基本的人権宣言の一つにも謳われている。そもそもヨーロッパ諸国では、この権利は不文律として確立しているか、その国の憲法に親の子供に対する教育の優先権として明記されている。実はこの親の教育優先権に基づいて、欧米では特に中等・高等普通教育までの私立学校が多数設立されている。この点の思想的・法制的整備がわが国ではまだ未整備というか、少なくとも民が中心になってはいない状況にある。民自体も親の教育優先権について関心が少ないように思われる。

ところで最初の宗教改革者M・ルターは、クリスチャン・スクールの名づけ親、命名者であっただけでなく、国民学校の創設を提唱した人物でもあった。因みにそれは一五二〇年以降の宗教改革の激動期のことであるが、彼は親の教育優先権に触れつつ、教育や学校教育について、「（親は）子供が神と（この世の）人々とに奉仕することができるようにどんな犠牲をも惜しまず教え導かねばならない」と言っている。次に、人々に奉仕する教育についてルターは、「都市の最上・最大の繁栄、福祉、力とは、その都市が多くのすぐれた学者、思慮ある、有能な、よく教育された市民を持っていることであり、かれらはあらゆる財宝、よきものを集め、それを保存し、正しく用いることができよう」と言っている。更にそれを消極的に敷衍して「神は、人間を獣から区別し、人間が獣にならないようにし、家族、家屋、土地、あらゆる財貨を守り、秩序を維持することを欲しておられる。そのように運ぶ法律と知恵とがどんなものであるかが学ばれなくてはならない」と述べている。そのような観点からすると、キリスト者であろうとなかろうとキリスト教の立場からは、教育に関わるというそのこと自体において、歴史を導く神の働きに参与し、神の祝福に与ることを意味しているということになる。

次に神に奉仕する教育である。神に奉仕する（サーヴィスとか、サーヴィス・アブ・ゴド）とは、英語でもドイツ語でも礼拝のことである。それゆえクリスチャン・スクールでは、公の学校行事として聖書を教え、イエス・キリストを説き、祈り、歌い、賛美する礼拝を行っているのである。即ち神を仰ぎ、礼拝することによって、人間の尊厳を知り人格形成に関わり、人を愛し、他の人に奉仕することを繰り返し学ぶのである。

ところで、押川方義校祖は、東北学院と改称される時、完全な人物の養成、といって、今日でいう「人格の完成」を教育の目的とした。それは教育の一般・普遍的目的を理解していたことを示している。また三校祖の一人、D・B・シュネーダー博士は、使徒パウロに従って、人間とその文化の堕落、罪悪を説きつつ、キリストの「福音を恥としない」ようにと言い遺された。それは具体的には聖書とキリスト教文化を教えると共に、真の礼拝を捧げるようにということだったのではないであろうか。

「主イエス・キリストを説き、歌い、賛美をする」礼拝は、最高の礼拝（d. allerhoste Gottesdienst）と言われている（M・ルター）。キリスト教学校はそういう礼拝を学校教育の中心として教育を行うことを許されていることを神から与えられている祝福とし、誇りとして継承したい。

＊なお、教育の祝福については、本書六の１「教育の課題と祝福」（二四五頁以下）参照。

一　私学としてのキリスト教大学

1　キリスト教大学の建学の精神（設立の目的）とその意義

戦後五〇年とキリスト教大学

キリスト教大学は、私学として、建学の主旨を寄付行為や学則に謳っている。その表現、用語には多少の相違があるが、特に新制大学として発足した大学は、「キリスト教による人間形成」を学則としている。そこには重要な歴史的背景がある。それは、五〇年前の敗戦、降伏条件の一つであった基本的人権の尊重を教育の分野でも実践しようとして掲げた教育基本法である。この教育基本法によって、わが国の教育機関は、小学校から大学に至るまで、人格教育を目的とすることになった。右基本法第一条は教育の目的として、個人の尊厳、個人の人格の完成を主張し、求めているのである。

しかし、戦後五〇年の教育界の歩みはどうであろうか。それは悲劇的な個性の弾圧、抹殺の歴史である。「世間並み」でない児童、生徒は、「村八分」にされ、いじめの対象とされている。異なる文化に触れた外国帰りの者は、「外国はがし」がなされ、「日本もどし」を強制される。その原因は、日本文化の根底にある「和」の思想の恐るべき威力であるのか、また個人の自由の前に、まず平等を求めた戦後民主主義の歩みであったのか、その詮索はしない。重要なことは、われわれの課題である。

特に一八世紀以降、世界史の流れとなった基本的人権を前提とする自由なデモクラシー社会の形成は、ソ連東欧社会の崩壊によって、ますます人類の目標として追求すべき課題となってきた。とりわけ、人格の尊厳にともなう各個人の基本的人権はキリスト教大学として重要なテーマである。それでは、キリスト教による人格形成に、われわれはどのように取り組もうとしているのであろうか。

幸いなことに、学生にとって大学の時間的位置は、小・中・高等学校の受験と偏差値の全国的画一制、平等化の後であり、企業が求める個性的能力の前である。特に、大学の四年間というのは、個々の学生自らが、それぞれのアイデンティフィケィションを求めうる状況にある。少なくとも、画一的教育から、相対的に解放された空間と時間である。そのような大学という空間の中にある学生に対して、キリスト教大学は、個人の尊厳と基本的人権を根底とする自由なデモクラシー社会の市民の育成に特別な責任があるように思う。なぜならば、そのような人間観と社会の形成は、キリスト教文化の課題であったからである。それ故、キリスト教文化の中心的担い手としてのキリスト教学校、特に、キリスト教大学の意義、とりわけ、わが国における存在理由は、大きいといわねばならない。

建学の精神によるＵＩ

キリスト教大学のキリスト教による人格教育の場は、チャペル礼拝とキリスト教学ないし宗教科目の講義をふくむキャンパス・ミニストリーである。しかし、それらの営みを、それぞれの大学が一体どれほどのコンセンサスをもって運営しているのであろうか。少なくとも当該大学が掲げる「キリスト教による人格教育」にどれ程自覚的に取り組んでいるのであろうか。そのように考えると、建学の精神ないし、大学の教育目的による大学のＵＩ（ユニヴァーシティ・アイデンティティ）は甚だ不十分であるように思われる。

しかし、他方、現代世界における社会形成とその前提である人間形成は、人間の尊厳・基本的人権を基とする自由なデモクラシーの社会を目指すものであり、そして、それがキリスト教、特に、宗教改革のプロテスタンティズムに深く結びついたものであることは確かである。そうであるとするならば文化形成の機関としてのキリスト教大学は現代社会、とりわけ既述のような問題状況にあるわが国において、特別な使命と課題を与えられているといえよう。

人間の尊厳とそれに付随するもの

キリスト教による人格教育は、キリスト教人間観を前提とする。その人間観の第一は、人間は神の像に似せて創られた被造物であるということである。そこに、人間の尊厳と被造物世界での特別な位置が与えられた。その位置は堕罪以後も変わらない、というのが、聖書の主張であり、カトリックとプロテスタント共通の理解である。

そのような聖書のメッセージとその解釈は、人間の尊厳と基本的人権を根底とする自由なデモクラシーの社会形成に今日、重要な関わりを持っているように思う。まずモーセの十戒の後半、例えば、殺すなかれ、盗むなかれは、社会生活における最小限の禁止事項を示して、神の似像たる各個人の尊厳と私有権、所有権を保証しているといえよう（K. Hilpert, Die Menschenrechte, Geschichte, Theologie, Aktualität. 1991, S. 190 ff）。さらに、新約聖書は、最小限の禁止条項に対する対極として、隣人愛や愛敵の教えを提示し、市民法の究極の目的と神の憐み・愛（贖罪・赦し）を媒介とした倫理を勧めている（例えば、ローマの信徒への手紙一二・一〜同一三章）。このような文脈は、聖書の倫理が市民社会の形成原理（実定法）を生み出すだけでなく、その法や倫理によっては成就されないもの――倫理に解消されない宗教的深み、終末的次元――をも明らかにしている。

他方、既述の人間の尊厳とその被造物における位置についての聖書のメッセージに対しては、他の生命との区別（差別）を否定する縄文文化の崇拝者や仏教学者から批判が投げかけられている（例えば、梅原猛、田丸徳善の諸氏）。しかし、かれらの汎生命主義が、どのような社会形成、特に、基本的人権を基底とする自由なデモクラシーの市民社会の形成原理になるのかは全く定かでない。そこでは、自他の区別にさえこだわらない解脱という解放（救い）が目指されているようにも思われる。この点に対して、特に対照的なのがプロテスタント原理である。

プロテスタントの原理

キリスト教による人格教育は、プロテスタントの原理を経過することによって、創造の次元とは別な角度から、人間の尊厳と基本的人権を基礎とする自由なデモクラシーの社会形成に特別な貢献をした。全信徒祭司性――万人祭司――に依拠したピューリタン革命、それに続くアメリカの独立宣言という流れがそれである。そのような万人祭司を、トーマス・マンはしばしば宗教的民主主義と呼んだ。しかし、その宗教的民主主義は特定の民主主義によって実現されてしまうものではない。

そのことのゆえに、万人祭司は今後も人間の尊厳を基礎とした自由なデモクラシー社会形成への活力となりうるのである。それはなぜか。ルターの万人祭司の原初的形態は、かれの、『キリスト者の自由』に詳しい。そこには三つのことが不可分離に語られている。第一は、キリストへの信仰によるキリストとの神秘的合一、第二はそれによる罪人の罪のキリストの義への転嫁、あるいはキリストへの罪の負荷という信仰義認、第三は、信仰の神秘的合一や義の転嫁の賜物としての、自由、万人祭司（平等）等々である。その自由は、神への服従と服従の決断の自由を包含していた。その万人祭司は原理的には、女性、子供と教皇との間の平等を意味していた。しかし、周知のように、それはルターにおいては、特定の政治制度と結びついたり、社会形成をするものではなかった。しかし、それはその後の社会、政治運動の中でエネルギーの源泉あるいは起爆剤となりうるものであった。また、そのことによって、聖書のメッセージは直接的に、特定の政治、社会の概念に解体されるリスクを伴っていた。『キリスト者の自由』自身はその後半で、愛の共同体を提唱している。しかし、その愛の共同体は、法制度的なものとの関連を課題として残していた。その課題への取り組みの一つとしてピューリタニズムも理解しうるのである。

ともあれ、キリスト教大学の建学の精神、ＵＩの射程として上述のような使命、課題を果たす役割を考えるものである。その点でもキリスト教大学は特別な祝福を与えられていると思うものである。

（雑誌「形成」三〇一、二号　一九九六年一、二月）

2　キリスト教大学の礼拝

なぜ大学で礼拝がなされ、キリスト教学があるのか、その問いに対して第一にいわねばならないのは、大学の歴史と礼拝、キリスト教学とは不可分の関係であったということです。大学は一二世紀の終わりに始まり、八〇〇年以上の歴史を持つものです。その大学の歴史の本流に立っている大学は、礼拝を行い、聖書とキリスト教を教えてきています。なぜこれらの大学では礼拝を守ってきたのでしょうか。それは、これら欧米の代表的大学が目指している目的、建学の精神と密接に関係しておりま す。いいかえれば、礼拝はそれらの大学がどのような人間を形成したいか、どのように、何にむかって学生を教育しようとしていたかに関係していたのです。別な言葉でいいますと、礼拝は大学における教養、人間形成に関係しているのです。

大学における人間形成は、普通には、サイエンス――学問、科学――の研究と教育によってなされます。サイエンスによって人間が形成され、培われ、耕される、すなわち、カルチャーされるということが大学である、と一般には考えられております。しかし、大学の歴史の本流にある大学は、カルチャー（人間形成・教養）をそのように考えただけではありませんでした。実は、カルチャーという言葉そのものが、たんに、サイエンスによる人間形成という意味ではないのです。culture の語源 cult これは礼拝という意味です。カルチャーを重んじる大学は、大学で礼拝をしてきたのです。大学の歴史の本流にある大学としての象徴が礼拝であったということができます。学問と礼拝、あるいはキリスト教学による（カルチャー）、人間形成、教養を求めている大学は日本では多くありません。しかし、著名な欧米の大学は礼拝を重んじています。世界の大学の本流、世界の大学・文化の本流で、はばたくことを志すものにとって礼拝は欠くことができないのです。

それでは大学では、どんな礼拝がなされるべきでしょうか。「なすべき礼拝」（ローマの信徒への手紙一二章一節）という言葉があります。これは、もとの言葉は、ロギケー・ラトレイア、英訳聖書が訳しているように、reasonable service が的確な訳といえるでしょう。私たちの大学の礼拝は、反理性的・非理性的な礼拝であってはならないでしょう。しかし、宗教的礼拝として理性を越えるようなものを持っていなければなりません。その礼拝において、何がなされるのでしょうか。聖書が続けて記しているように、「何が神のみ心で善いこと、神に喜ばれ、また完全なことであるかをわきまえるようになる」ことが行われるのです。善悪の価値、未知なこと、まだ知らない、非経験なこと、超越者なる神、キリストに出会う礼拝を体験したいものと思います。またそのように私を新しく変えてくれるような力のある言葉が聖書であります。他方そのような聖書とそれによって培われたキリスト教の歴史と文化について学ぶのがキリスト教学なのです。

（東北学院大学「チャペルニュース」第五一号　一九九六年四月）

3　東北学院大学のキャンパス・ミニストリー

——その歴史と現状と課題——

Ⅰ　はじめに

キリスト教大学が立ちも倒れもするのは礼拝にある、と言っても過言ではありません。というのは、キリスト教大学のキリスト教は礼拝によって存在するからです。すなわち、キリスト教大学は礼拝によって存在するというよりも、キリスト教大学は礼拝しなければキリスト教を失うことになるのです。その理由はキリスト教そのものが礼拝することによって存在するからなのです（ヨハネ福音書四章二三・二四節、マタイ福音書四章一〇節、一八章二〇節、コリントの信徒への手紙一、一章二一節）。私共のキャンパスの中心は礼拝の充実にある、とも言えます。それだけに、本日のキリスト者教員研修会におきまして、礼拝で何を語るか、あるいは、礼拝の聖書テキストをどうするか、あるいは、奨励において何を話したら良いかということにまで話がすすめば、大変実り多いものになると思います。

キリスト教大学のキャンパス・ミニストリーで一番大切なものは礼拝であると申し上げましたが、次にミニストリーの具体的な務めについて三つ挙げたいと思います。

キャンパス・ミニストリーの担い手の第一の務めは、教える務め、あるいは、語る務めです。教えるテーマや語るテーマは、それぞれの専門領域によって違ってくると思います。幸いなことに、私どもの総合大学におきましては、神学の専門家だけでなく、経済学、文学、工学、社会科学などの専門家がおられ、その専門領域を押さえながら、チャペルにおいて神の言葉を説くこと、あるいは、証がなされています。それは、キリスト教大学の礼拝の魅力と言いましょうか、なかなか教会では体験できない魅力であると思います。二つ目は、牧会の務めです。大学における牧会の務めは、教会での牧会の務めと違いますので、これもまた共同研鑽のテーマの一つになるかと思います。特に、牧師の牧会と本質的に何が違うかも問題になると思います。三つ目は、管理の務めです。これは事務職員にも当てはまる務めです。役割が複数の人に関わること、場合によっては、大学全体に渡ることもあります。必要とされるキリスト教的配慮としては、例えば、「それはちょっと行き過ぎだ」とか「それはちょっとプライベートに過ぎる」などの相互批判です。特に、注意しなければならないことは「私的に過ぎる」ことです。どうしてもキリスト教大学におきましては、キリスト者、あるいは宗教に関わることが、特別な立場にあるわけですので、私的に過ぎることを一番警戒しなければなりません。あるいはいわゆる二人称の世界だけではいけません。すべてにわたって制度化が必要でしょう。そのためにも、説明責任を明確にし制度化しなければなりません。

Ⅱ　キリスト教大学形成の諸問題

a　制度的整備

さて、レジュメに従いましてキリスト教大学の諸問題について考えたいと思います。私が就職した頃、東北学院大学はごく少人数の文経学部の時代でした。今日、約一万三千人以上の教職員・学生を有する集団となっています。そのような規模のキリスト教大学を形成していくためには、できるだけ多くの事柄を制度化する必要があると考えております。規定化することによって、特定の人に依存する必要がなくなります。ある特定の人がいなければ事柄が進まないというのでは、重要な問題は決定することは難しくなります。カリスマを持った人がいれば良いのでしょうが、カリスマを持った人でも二〇～三〇年すれば死ぬわけです。その後の大学形成をさらにどう継続発展させるかが非常に重要になるわけです。その点に関し、二十数年来考えてきたことは、寄付行為や大学の学則でした。キリスト教学校が何のために建てられて何をするかということを、寄付行為に明記する必要があると思いました。しかしこれは、文部科学省の許可が得られませんでした。学則に明記できればと思っておりました。学則に明記しないことについては、「申し合わせ事項」として規定したいと思います。例えば、キリスト者教員の割合です。数年前の本学のキリスト者教員は、三〇％以上でした。現在は、一三％位だと思います。このままでは更に減少するでしょう。私を含めまして二〜三年の内にかなりの先生が退職するわけです。少なくとも二〇％以上は必要です。そのことを学部長会で申し合わせました。これは、既に、工学部で承認されました。各学部でこの問題を取り上げて欲しいと思っております。私は、キリスト教学担当者、その中にキリスト教学科専門とキリスト教学担当者が含まれるのですが、一四名から一五名ほど必要と考えております。この教員数は、私が提案した教員基準の計算からも可能だと思います。

もう一つは、学則に何を入れるかです。私どもの大学の学則第一条には、キリスト教による人格教育を基礎として人間形成の教育を施すということが記されてあります。その具体的方策としてキリスト教学を正課として設置することを明記する必要があると思います。また、必要なキリスト教諸行事を行うことも記しておくべきだと思います。今行っていることを明記するのです。教養教育科目三二単位中八単位をキリスト教学にすることについて、長期間にわたる議論の末、決定しました。次のカリキュラム改正の検討においても、また議論されるでしょうが、現在行っていることを、引き続き継続しなければなりません。キリスト教学を正課として置くことであります。かつて議論になりました、エクストラカリキュラムにはしないということです。八単位ということにつきましても、それが基礎教育科目あるいは教養教育科目を圧迫するとするならば、必要とされる科目をその特定の学部学科においてさらに増やせば良いわけです。法学部のように卒業単位を一二四単位にしていないところもあるわけで、そういうことも可能ではないかと思います。

b　内実化への努力

重要なことは、やはり、その制度を担う人です。即ち、私どもの努力のことです。礼拝、あるいは、キリスト教学、その他、特別伝道集会、読書会、サマーカレッジ、クリスチャン推薦入試制度などが行われているわけですが、それをいかに、価値合理的に、または、目的合理的に推進するかです。大学は教会ではありませんので、特定の信条や信仰告白に基づいたり、一人もしくは二人の主任担当牧師が、聖書テキストを決めて説教するわけではありません。プロテスタントとカトリックは共通部分がかなり多いわけですし、日本のようにキリスト教がマイノリティーのところでは、両教派はベルゼブルの論争をしてはだめなのです。両教派は協力するところは協力しなければなりません。実際、礼拝ではいろいろな方がいろいろなことを語っています。しかし、どこに共通点があるかということをやはり絶えず私たちは確認すべきではないかと思います。ミニマムな禁止事項という言い方を私は時々使いますが、「礼拝の奨励としては適切ではないのではないか?」ということについても、何らかの合意があり、その合意に反することが続く場合には、本学におけるみ言葉の奉仕に馴じまないと申し上げてもよろしいのではないかと思います。例えば原理主義です。これはやはりおかしいと思います。原理主義とは、福音の言葉が教育や政治経済などの問題に、直接結びつくと主張すること、つまり、現実問題への対応において異論のある問題を断定的に説教として語るということは避けるべきことであると思います。

私の一番の思い出は、かつて六〇年の終わり、七〇年代の大学紛争の時に、「キリスト者反戦」の影響がありまして、キリスト教の全共闘がかなり奮闘しました。それにもかかわらず、本学の礼拝は中断されませんでした。その点、本学は重要な働きをしたと思います。礼拝で、反靖国などの政治的なことが語られたのは事実ですが、礼拝そのものは潰されませんでした。

次に、キャンパス・ミニストリーの制度の歴史を申しますと、元々本学には宗教部とか宗教部長というものはありませんでした。私が知っているのは、宗教主任と宗教主事です。私は宗教主事を命じられました。それについての規程は何もありませんでした。修養会に行く時に、宗教主任から「あなたにはこれだけ」という形でお金をもらったこともありました。その時は何の疑いも持たなかったのです。現在はそういうことはしておりません。その結果だと思いますが、宗教部長や宗教副部長の制度が出来ました。しかし、簡単に出来たわけではありません。この制度が出来た時に「東北学院は、私にとって、何かよその大学のようになった」とお話になった方がいます。大学が大きくなるに従って、個人プレーだけではだめでして、先程も言いましたように、制度化・規定化が必要になってくるわけです。ただ、この制度化の時に注意しなければならないことがあります。それは、十分な議論をしなければならないということです。最初の頃は、宗教部にはキリスト教研究所所長は構成員に入っておりませんでした。今日では、とても考えられないことです。人間的なことが起因になってのことでしょう。何某が学長である間は協力しない、自分の好きな人が学長になれば協力するということは、あってはならないことだと私は思います。規定化とは、そのような個人の問題ではなくて、東北学院が大学としてどのような組織にするかを考えなければならないということです。そういう意味で、これからもなお制度化については慎重な対応が必要かと思います。

c　いわゆる小田ドクトリンの意味

「小田ドクトリン」という言葉があります。それは、小田忠夫元学長がキリスト教学の担当者、あるいは、キリスト教学科の担当者を採用する時に、専門の勉強あるいは研究だけでなくキャンパス伝道も担当するようにと語られたことをさしています。要するに、キリスト教学に関わる者は、同時にキャンパス・ミニストリーにも携わるということです。これが無いと私は、日本のキリスト教大学はやって行けないと思います。もう一つは、一般のクリスチャンの先生方に、お忙しい中恐縮ですけれども、毎年でなく隔年でも、聖書研究会か読書会を、専門に応じて、あるいは、興味に応じて担当していただきたいと思います。そのような少人数の集会によって、学生の中から牧師になる人もいましたし、洗礼を受ける学生もでてきました。キリスト教学担当者以外の先生方もさまざまな形で読書会をしていただければありがたいと思います。それがキャンパス・ミニストリーをそれぞれの専門に応じて具体化させるということかと思います。さらにもう一つ重要なことがあります。それは、非キリスト者教員の方々との共同です。どういうことが可能なのかは、理論的検討も必要ですが、プロテスタント的にいえば、教育そのものが神の命令ですから、教育自体が神の委託に答えているという基礎的な共通理解は可能かと思います。その意味で、大学で一緒に教育に携わっている方々は同労者であると言えます。同時に、学生部や教務部などの場で共同作業するわけですので、対話あるいは信頼を創り上げることも出来ると思います。

しかし、キリスト教というのはあくまで信仰という価値合理性に関することですので、非キリスト者の方々には、福音を聞くことなしに最初から拒否するという場合もあるでしょう。しかし、それは私どもの責任だと思います。採用の時に、本学はキリスト教学校であること、また、どのような慣例があるかをきちんと説明し、それに対して理解していただく務めがあるかと思います。本学に採用された時点で、本学はキリスト教大学であることを尊重してくださる方も多いと思います。それだけに私は遠慮しないで情報を発信する、つまり、遠慮しないでまずお願いをするということが必要だと思います。そのためにも、皆さんに手分けしていただいて、キリスト教的な雰囲気を持続させること、また、形成することが、非常に重要だと思います。

Ⅲ　結び――共通理念と実際的協力――

すでに申し上げたことに尽きると思いますが、特に、「私的な領域」と「公の領域」の区別が、キリスト教大学にとって重要であるということをもう一度改めて申し上げたいと思います。教会では、二人称の世界が多いかと思いますが、大学は、三人称と言いましょうか、公の世界です。キリスト教の大学においても、信者、同窓生、あるいは、同じ教会員という二人称の世界によってまとまりやすいわけです。プライベートな阿吽の呼吸で物事が行われることが多いわけです。その人たちの心地良さ、その人たちの間の暖かい思いは、必ずしも、全学的に共通なものになるとは限りません。キリスト教大学の形成にとって重要なことは、平等と言いましょうか、あるいは、アカウンタビリティと言いましょうか、どこまで公平な運用をすることができるかです。キリスト教大学として公正、公平に営むだけではなく、教育共同体の大学としても良いものになっていくための前提として必要なことです。ですから、できるだけ制度化できるものを制度化し、制度化した上で、キリスト教の価値を伝道し、またキリスト教の価値を共有していくように努めねばならないでしょう。実際的な協力というのはそういうことだと思います。もう少し具体的に言えば、キリスト教、即ち、本学が行っておりますところの礼拝やキャパス・ミニストリーをどこまできちんと制度的に整備し、その整備したものをどこまで職員全体と共同しながら拡大していくことが出来るかだと思います。そのためには、やはり、量的にいえば最低教員の二〇％のクリスチャンの存在が必要であり、また、とりわけ、キリスト教を専門とする先生方の結束と言いましょうか、共同研鑽と言いましょうか、そういう協力を期待するものです。

（二〇〇三年一月　キリスト者教員研修会）

二　東北学院大学の改革

1 東北学院大学の改革の理念と現状

I 第三ミレニアムに向かう本学の思想的前提

二〇世紀をふくめて過去一千年をとおして培われてきた思想や価値観が二〇世紀の後半に一つの結末に達したと解される。それを引き起した二〇世紀の三大事件について考察してみたい。なぜならそれら三大事件は、わが国の大学教育はもとより教育そのものに対して根本的な変革をもたらしたからである。われわれはそのような基本的認識を根底として、第三ミレニアムの大学のあり方を考えていくべきであろう。

三大事件の第一は世界的規模での戦争（世界大戦）の終結である。それはまたはからずもわが国の敗戦となって終わった。それによってわが国は新しい憲法と教育基本法を有することになった。国政の方向は天皇の政治から価値多元のデモクラシーへと変わり、教育の基本は個々の人間の尊厳に由来する人格の完成を目的とした。また、それまで戸籍簿に記載されていた身分的差別と男女差別をなくし基本的人権を尊重する社会形成を目指し、世界の平和と福祉に貢献する大きな目標を目指すことになった。

そもそも個人の尊厳を認め、その個人の自由と権利の平等を保護することが基本的人権であるが、それらの思想的起源・由来は過去の千年期の初め、一二、一三世紀以降生じた永い歴史的背景を有するものであり、自然発生的に承認されてきたものではない。すなわちカトリックの悔悛制度、ルターの万人祭司観——神の前の単独者としての自由と平等——それらの思想が、社会・国家の制度と結びついて「基本的人権」として明確に把握されてきたのは一八世紀以降といってよい。すなわち、アメリカの独立宣言やフランスの革命宣言を経過してからである。わが国においては、アメリカの独立宣言を直輸入した福澤諭吉の『学問のすすめ』によってである。しかし、自由と平等とは、常にアンビヴァレントなものとして存在する。ということは自由と平等の両立は社会制度、政治体制の問題としては、永遠の課題であり、それゆえそこに人類の不変の努力目標が置かれる理由でもある。また、自由な価値多元のデモクラシーといっても、その現実形態は不断に吟味されるべき課題で、どの社会・国家にも通用する具体的制度というものはありえないであろう。そうであればこそ、人間の尊厳と基本的人権の保障ということが世界史の流れとなり、グローバルな価値観となっているのである。

第二の事件は、今世紀の大半の期間、世界史を動かし、遂には自滅した共産主義的機構である。この第二の事件は、聖書に出てくる異端的ミレニアム（千年王国説）の崩壊であるが、思想的には、第一の事件によって説明しうる。すなわち、ソ連・東欧の共産党独裁体制による基本的人権の諸自由の弾圧に対する反抗の結果としての崩壊でもあったのである。

第三の二〇世紀の世界史的事件は、一九世紀に勃興し二〇世紀の後半飛躍的に発展した近代の技術革新であり、それと自由主義によってもたらされた国際化、情報化、さまざまな次元・分野におけるグローバリゼーションである。

過去千年の総括ともいうべきこれら二〇世紀の三大世界史的事件は、わが国の私立大学の現在と将来のあり方に重要な変革をもたらしたことを銘記して、今後の本学のあり方を検討していかねばならないであろう。

次に本学における教養教育の位置づけと現状について瞥見する。

Ⅱ　本学の教養教育の歴史的背景と特質

その１　歴史的背景

本学に限らず、日本のプロテスタント・キリスト教大学の多くは、アメリカのキリスト教系のリベラル・アーツ・カレッジをモデルにして創設された。そのことは、明治・大正時代に設立されたキリスト教大学に、妥当するであろう。リベラル・アーツ・カレッジ（教養大学）の教養の歴史的背景は、古代ギリシャ以来ほぼ一七世紀まで受け継がれた自由学芸三学四科（アルテス・リベラーレース）である。

そこには今日の人文・社会・自然の諸科学の他に音楽もふくまれていた。すなわち、早くから芸術もそれに加わっていたのである。ここでの課題は自由学芸の変遷の歴史を辿ることでなく、本学の教養概念のルーツを探求するということである故、二、三の点に言及するに留める。

まず本学との関連で宗教改革時代である。ルターに関しては、かれがキリスト教学校という名称をはじめて使用したことが注目される。またかれは教育それ自身が神の命令であるとして、教育の意義を強調した。子供の教育については親に優先権があることを前提にして、政府・公権による学校設立を進めた。教養教育におけるラテン語以外の聖書の古典語の重要性を説き、神の教えによる自由と奉仕の教養（人間形成）をキリスト教学校の教育目標とした。教養教育史における宗教改革の意義は、ルターの友人でドイツの教師といわれたメランヒトンにも求められる。メランヒトンは、教養教育のそれまでの自由学芸を三つの分野に分けた。それは言語に関する学芸、事物の認識に関する学芸、人間の生き方（社会や歴史の歩み）に関する学芸の三つである。最後の第三の学芸は、方向指示（ゲノス・プロトレプティコン）といわれるものである。これに属している教科は一般の道徳哲学、歴史、文学であった。メランヒトンは自由学芸の他に最上の教育目的として、信仰と説諭(pietas et eruditio)

をあげている。その場合の信仰と説諭について、メランヒトンは信仰は道徳を洗練し、説諭は道徳の深みについての感覚を養うと説明している。このようなメランヒトンの、自由学芸の教養教育と宗教（キリスト教）との関係についての所見は、今日のわれわれにとっても重要である。

次に、現代の自由なデモクラシー社会の基礎付け者として重要なＪ・ロックにおいて、自由学芸はどう受けとめられているであろうか。かれは自由七科に関心を示しながら、メランヒトン以上にそれを自由に批判検討している。これまでの〈三学四科〉の自由学芸七科の中の三学の中心を占めていた修辞学や論理学は益する所が少ないといい、ラテン語の学習法についての詳細な指示の他は、古典語については宗教改革者のように高い評価をしていない。自然学は思弁の知識を豊かにする程度のものとして、それについては殆ど注目していない。聖書とキリスト教については合理性（自然法）を重視しながら超合理性も尊重しているという意味で、かれは単なる理神論者ではなかった。ただ聖書全体を無差別に漫然と教えることに反対している。旧約聖書の祭儀律法などは避けて、聖書の平明な基礎的部分を教えるように勧めている。いずれにしても、ロックにおいても自由学芸に並んで教養教育の中に聖書・キリスト教についての教育が含まれていたのである。簡略した教養の歴史の回顧であるが、これが戦後日本の大学で人文、社会、自然、外国語を教養教育の柱としていた背景でもあったといえるであろう。また、このような教養教育が、イギリスのパブリック・スクール、フランスのリセ、ドイツのギムナジウムという、大学での専門教育直前の教養教育としてヨーロッパに存在し、それがアメリカのリベラル・アーツ・カレッジに受け継がれたのである。

その2　本学の教養教育の特質

戦後の日本の教育は、憲法や教育基本法が明らかにしているように、これまでの日本の縦社会や家父長的同族社会でもなく、ましてや富国強兵でもなければ、また経済優先の技術革新でもないものが、教育の目的とされた。まさに人格の完成が目標だった。しかもその際、個々の、人間の尊厳とその上に立つ基本的人権の尊重を根底にしたものであった。それを掲げながら、大学は結局は個人の自立や個人の人格尊重よりも集団主義が優位する高度産業社会への有為な人材の育成をしていた。そして社会もそういう人材を求めていたのである。今後も社会のニーズに応えることは、大学教育の社会的役割として重要なものとしなければならない。そのことの積極的意義を決して否定してはならない。しかし、それにもかかわらず教育の目的としては、学生一人一人の人格の完成という目標、理念はとりさげられたり、変更されたりすべきものではない。大学教育の中でその目的を追求することによって、近代化、技術革新、経済発展に貢献すると共に、共同の利益を追求する自由なデモクラシー社会が形成されるからである。

戦後の日本の教育は、個の人格の完成を目的にしたが、それは自立した生活者の育成には至らなかったのである。今日われわれは、自立すべき個がいじめや村八分、それらの根底にある集団主義、画一主義を積極的に克服し、公益社会をいかにして形成するかという視野をもって考えねばならない。今日の日本の問題は市民社会を形成する基礎に必要な個の確立といってよいだろう。定年後の長い高齢化社会において自立した一人として生活できる教養ということである。

そうした個の確立という目的の実現のために、大学の教養教育は必要で欠くことのできないものである。教養（カルチャー）は、元来カルチャー（culture）の根底あるいは前提としてクルトス（cultus）と関係している。日本以外では教養がどこでもクルトスすなわち宗教とかかわってきている。しかしそのような教養は修養だとして否定するのが日本の知識人（例えば山崎正和氏）である。

既述のように、欧米はもちろん、発展途上国においても教養は決して宗教を排除するものではない。倫理や道徳的価値を大学は問題にしなければならないのである。それらの根底にある宗教が今日の大学の問題であるし、将来の人類の問題である。礼拝やキリスト教学で伝達する倫理的価値を自由な選択の中で、心に訴えるのがクルトスである。それが人格形成と真に結びついたものが本学の教養なのである。

本学では、教養教育科目（非専門科目）の見直しは、教養教育科目の検討とその他の各学部の専門導入・基礎科目の漸増という形で受けとめられている。教養学部以外の学部では、専門教育の一層の低学年化だけでなく、卒業後の特定の専門職との結びつきをはっきりさせる専門教育という方向をとっている。これは、他大学の理工系、社会科学系においても一般的な現象である。それにもかかわらず本学では教養教育は、キリスト教学を含むリベラル・アーツの役割を一層明確にしている。必修のキリスト教学は外国語科目と保健体育科目を除いて全教養教育科目二八単位の中八単位を占め、それを、原則として一年と三年で履修することになっている。この数値は他の日本のキリスト教大学の中では最多であろう。

その背景には、歴史的背景で考察したように、宗教改革以来のキリスト教大学としての伝統的必然性があり、戦後の日本の教育の基本精神や教育目標とキリスト教との重要な関係があるのである。

その他、哲学、物質の科学、芸術論、音楽、東北地域論、現代アジア論など、人文、社会、芸術、自然などに関する科目を幅広くおき、教養学部教員を中心に教養教育科目として全学的に開講している。また本年度より英語の目的別・能力別のグレード制を導入した。実用専門化を求める現代社会が大学教育に対して、特定専門職の予備・基礎教育をますます強く要求していることを充分認め、それに対する適切な対応をしつつも、今日は広い視野の総合職を必要としている社会であることを忘れてはいけない。いいかえれば、グローバルな教養の上に立つ専門教育というのは、本学のような四年制の総合大学で、しかも人間形成（リベラル・アーツ）教育を尊重する大学で形成されるのである。この理念で本学は教養教育を実施しているのである。

Ⅲ　本学の諸改革とその成果

既述のように、本学の教養（人格形成）教育がキリスト教を媒介として部分的に価値合理性を有するのに対して、文・経・法・工・教養各学部の専門教育の改革は、目的合理的である。それらの改革も、前者と同様一九九一年大学設置基準の大綱化の以前から開始され、大綱化によって促進された。改革は、「教育内容・方法に関する委員会」（同年九月設置）と「自己点検・評価委員会」（九二年一〇月設置）の二つの委員会によって担われ、全学的審議を伴いつつ進んできた。前者はその後拡大委員会、全学教育課程委員会、全学組織運営委員会等によってその活動が継続され今日に至っている。この改革の結果を下記に列挙したい。まず、改革の前提として、就学人口の急激な減少、大学間競争の激化、地域的特性等を考慮し、本学の学生収容定員とそれに対応する専任教員の適正数を決定し、その枠の中で改革を遂行することとした。それによって財政的基盤を確保する前提としたのである。

教育に関しては、授業シラバスの作成、学生による授業評価の全学的実施の他、複数学部に関わる一般講義の受講者数の適正規模、英語授業の目的別・能力別グレード制などを実現した。全教員の研究業績報告は既に三回公刊し、現在第四回目として過去二ヵ年の報告を準備中である。国の内外での研究発表の便宜、特に科研費助成の支援態勢を強化した。入試改革は、一九九三、四年に、二部に有職者、全学に学業、キリスト者、スポーツの四分野にわたる推薦制度導入と入試選抜の適正化、情報の開示によって始まった。その後の改革は入試センターの開設によって加速化された。東北六県すべての県庁所在地の試験場、前・後期日程、短大・高等専門学校・各種学校からの編入、外国人入試、さらに昨年度からAO選抜と改革が実施された。それによって一昨年まで続いた志願者減少に歯止めがかかったかと推測される状況である。現在社会が大学に求めているものの一つは、専門性を有する実用職業予備教育である。これは職業斡旋・就職支援活動と並んで今日ニーズが高くなっていることは周知のとおりである。このような要求に対して学部学科・専攻の固有性を考慮しつつ、必要な対策を樹立してきた。その具体化の一つが学内外の機関による各種講座、例えば、司法試験講座、国家試験・公務員試験対策講座、簿記会計講座などである。現代社会（受験生）のニーズは、社会構造・職業分野の変化に連動しているが、例えば、今日英語教育への要求は国際共通語としての英語の重要性と結びついたものである。実際に、どれほど多くの英文学科卒業生が一般企業で活躍していることか、それは想像以上である。それに対して、中等教育の英語教師への就職可能性は入学定員のせいぜい五％以下であろう。そのことは英米文学の知識・教養と英語教師養成を主目的としてきた伝統的英文学科のあり方に再考を促しているといえるであろう。これは一例に過ぎないが、例えばそのようなことを考慮し、去る三月の全学教授会において本年度もしくは明年度内の回答期限付きで、法学部を除く、全学部に改組改称を提案した次第である。

右の改組改称の提案に対しては、経済学部商学科からは同経営学科へ、教養学部言語科学専攻は同言語文化専攻への改称という回答を既に得ている。いずれにしても、学部学科の教育目的の変更、それに伴う改組改称は慎重でなければならないが、諸学科の教育目的は社会変動、学生のニーズに対して開かれたものでなければならない。その意味で、大学は高等教育機関として宗教改革者の言葉の世俗版ともいうべき「絶えず改革される大学」(universitas semper reformanda) でなければならない。

本学は、間もなく「東北学院大学自己点検・評価白書」を公刊する。これは過去約十年間の歩みを総括したものである。その歩みは、例えば国際交流の姉妹校が本学の校祖たちに関係した米国の二つのカレッジに限られていたものが、この五年間に韓・中・独・英の諸国の五大学と交換・交流協定を拡大したように、急激ではないが、確実に進展しているということが許されるであろう。本学の改革が、独立採算の私立大学として、理事会の支持、理解と全教職員の協力参加を経ているからである。それゆえ本学の改革は次の結論に纏められるような仕方で行われてきたといえよう。

結び――本学改革の将来

本学のこれまでの改革は大学外では文部科学省や大学審議会制度による改革の方向を契機とし、学内では、主として大学執行部のイニシアティブによってきた。それと共に、本学の全構成員が継続的に提案される改革案とそれに伴う各学部間の困難な調整を必要とする状況に対処しつつ、改革能力を備え、改革を継続する態勢を招来してきたということができるように思われる。本来大学の改革は、掲げられるべき理念の創造と改革が伴う新しい負担を日々担う教職員の日常的努力を不可欠としている。今後の本学の改革も、理事会や大学責任者が建学の理念を明確に表明し、それぞれの職責を負う者の責任応答性と教職員の相互信頼、相互批判、改革への自主的・積極的参加によってなされるであろう。そのような自主的気運が漸く明らかになってきた。着実な改革の前進を期待させる土壌が養成されたという思いを抱いている。そのような気運と土壌が明年四月開始予定の国私立仙台圏約二〇大学間の「学都仙台単位互換ネットワーク」（詳しくは、二六五頁以下）という新しい大学のあり方をも発展させていくであろう。

（文部科学省刊『大学と学生』四二五号　二〇〇〇年六月）

2　東北学院大学の教養教育

歴史的背景

東北学院に限らず、日本のキリスト教大学は、アメリカのキリスト教系のリベラル・アーツ・カレッジをモデルにして創設されました。そのことは、明治・大正時代に設立されたキリスト教大学に、例外なしに妥当するでしょう。リベラル・アーツ・カレッジ（教養大学）の教養の歴史的背景は、古代ギリシャ以来ほぼ一七世紀まで受け継がれた自由学芸三学四科（アルテス・リベラーレース）です。そこには今日の人文・社会・自然の諸科学の他に音楽もふくまれていました。早くから芸術もそれに加わっていたのです。いまは自由学芸の変遷の歴史を辿ることが、課題でありませんので、本学の教養概念のルーツを探究するということで、二、三の点に言及しておきます。

まず本学との関連で宗教改革時代についてです。ルターに関しては、キリスト教学校という名称をはじめて使用したことが注目されます。またかれは教育それ自身が神の命令であるとして、教育の意義を強調し、子供の教育については親に優先権があることを前提にして政府公権による学校設立を勧めました。教養教育におけるラテン語以外の聖書の古典語の重要性を説き、神の教えによる自由と奉仕の教養（人間形成）をキリスト教学校の教育目標としました。教養教育史における宗教改革の意義は、ルターの友人でドイツの教師といわれたメランヒトンにも求められます。メランヒトンは、教養教育のそれまでの自由学芸を三つの分野に分けました。それは言語に関する学芸、事物の認識に関する学芸、人間の生き方（社会や歴史の歩み）に関する学芸の三つです。最後の第三の学芸は、方向指示（ゲノス・プロトレプティコン）といわれるものです。これに属している教科は一般の道徳哲学、歴史、文学でした。メランヒトンは自由学芸の他に最上の教育目的として、信仰と説論（pietas et eruditio）をあげています。その場合の信仰と説論の役割について、メランヒトンは、信仰は道徳を洗練し、説論は道徳の深みについての感覚を養うと説明しています。このようなメランヒトンの、自由学芸の教養教育と宗教（キリスト教）との関係についての所見は、私どもにとって今日再考に価するように思います。

次に、現代の自由なデモクラシー社会の基礎付け者として重要なＪ・ロックにおいて、自由学芸はどう受けとめられているでしょうか。かれは自由七科に関心を示しながら、メランヒトン以上にそれを自由に批判検討しています。これまでの自由学芸七科〈三学四科〉の中の三学の中心を占めていた修辞学や論理学は益する所が少ないといい、ラテン語の学習法についての詳細な指示の他は、古典語について宗教改革者のように高い評価をしておりません。自然学は思弁の知識を豊かにする程度のものとして、それについては殆ど注目していません。聖書とキリスト教については合理性（自然法）を重視しながら超合理性も尊重しているということがいえそうです。その意味でかれは単なる理神論者ではありませんでした。ただ聖書全体を無差別に漫然と教えることに反対しています。旧約聖書の祭儀律法などは避けて、聖書の平明な基礎的部分を教えるように勧めています。いずれにしても、ロックにおいても自由学芸に並んで教養教育の中に聖書・キリスト教についての教育が含まれていたのです。簡略した教養の歴史の回顧ですが、これが戦後日本の大学で人文、社会、自然、外国語を教養教育の柱としていた背景でもあったのです。また、このような教養教育が、イギリスのパブリック・スクール、フランスのリセ、ドイツのギムナジウムという、大学の専門教育直前の教養教育としてヨーロッパに存在し、それがアメリカのリベラル・アーツ・カレッジに受け継がれたのです。

日本における教養教育

最近、阿部謹也氏が日本人にとって『教養とは何か』という本を書いています。氏は個人の確立を求めながら、「自己と世間を変えていく個人」となることを日本人の教養として主張しているようです。氏のいう日本社会の世間的構成というのは、これまでの日本の縦社会は否定しているが、自分と自分に属するものという家族的社会あるいは二人称の同族社会と同じものではないかと、私は自問しています。

たしかに、日本人の教養には日本文化についての理解が大切です。日本文化の独自性の理解と同時に、今日では東北アジアの中とか世界史の流れの中で日本文化を理解することが、一層強く求められています。また日本は第二次世界大戦終了まで、士族、平民という戸籍上の身分制をとどめ、女性は法的・公的には平等でありませんでした。他方では、上からの近代化、中央集権的行政や官中心の序列は今日でも強固です。教養の概念にしてもフンボルト的教養概念が優勢でした。アングロサクソンの教養は、河合栄治郎門下の一部の人々によって唱えられたにすぎないと思います。

今日の憲法や教育基本法は、そういった日本の制度や文化に対する根本的な問いであったし、その問いが現在もなお続いていると思います。教育基本法では、個人がまず第一にとらえられ、その尊厳と人格の完成が目的とされたのです。しかし、それが、日本の文化との異質性や社会、政治制度に対する大きな問いを意味するものであったことは、今日においても十分に自覚されていないように思います。

そして今日、私たちは、自立した個人が家族・社会・国家を形成するというふうに、個人が家庭を築き、それが社会や国家に優先する文化や思想に、好むと好まざるとにかかわらず、正面から対応しなければならない状況にあると思います。なぜなら、それが天地創造以来の自然の順序であるからです。日本文化について理解をもつことと、その日本文化のもっている様々な価値に私たちがどういう形でコミットし、それをどのように自然の秩序とそれに基づく文化とに関係づけるかということです。

今日日本的教養として盛んにとりあげられているのが、古来有名な、聖徳太子の十七条の憲法の「和を以て貴しとし、さからうことなきを宗とせよ」です。これは儒教からきていると言われています。同じく儒教の「仁義礼智信」と同様高度に身分社会の礼儀です。最近はもっぱらその前半の「和を以て貴しとし」の和が強調されます。「和」は大切ですが、これは後半の「さからうことなきを宗とすべし」とセットになっているところからも明らかなように、上下関係、統治者側の要請、あるいは縦社会の歴史が背景にあります。しかし、他方、大学紛争時代のように「さからうことを宗とすべし」のみとなると、これは恒常的反体制を説く思想となり、正常な社会は形成されません。ちなみにヨーロッパにおいては、一六世紀の宗教改革者は、すでに統治者は国民に奉仕するものであることとともに国民の抵抗の権利と責務を説いています。要するに、日本文化の象徴とされるような標語や徳目や思想はそれがどのような時代背景をもって、何の目的で説かれたかが明らかにされねばなりません。日本の縦社会の文化が近代の横社会の文化にどう対応して、自由と平等のデモクラシーの近代社会を形成していくかという考察が必要です。

戦後教育の目的と教養教育

戦後の日本の教育は憲法や教育基本法が明らかにしているように、これまでの日本の縦社会や家父長的同族社会でもなく、ましてや富国強兵でもなければ、また経済優先の技術革新でもないものが教育の目的でした。まさに人格の完成が目標だったのです。しかもその際、個々の、人間の尊厳を基本にしてそれを実現する基本的人権の尊重を根底にしたものでした。それを掲げながら、結局は個人の自立や個人の人格尊重よりも集団主義が優位する高度産業社会への有為な人材の育成をしてきました。そして社会もそういう人材を求めていたのです。そして今後も社会のニーズに応えることは大学教育の社会的役割として重要なものでなければなりません。そのことの積極的意義を決して否定するものではありません。しかし、それにも関わらず教育の目的としては大学生一人一人の人格の完成という目標や理念はとりさげたり、変更したりすべきものではありません。それを追求しながら、近代化、技術革新、経済発展に対応し、自由なデモクラシー社会の形成に努めるべきであろうと思います。

次に、上述のように戦後の日本の教育は個の人格の完成を目的にしましたが、それは自立した生活者の育成には至らなかったように思います。厳密にいえば、自立すべき個の問題はいじめや村八分、それらの根底にある集団主義、画一主義を積極的に克服する問題として考えねばならないと思います。

それはバブルの崩壊の中で出てきた企業や官庁の自立できていない個人のことだけでなく、大学においてもある例です。要するに自立した生活者でないので同族社会を作り、三人称の社会を構成できず、またその社会で生きられないということです。市民社会を形成するための基礎に必要な個の確立が今日の日本の問題といってよいかもしれません。定年後の長い高齢化社会において自立した一人として生活する教養ということでもあります。

そうした個の確立という教育の目的の実現のために、大学の教養教育は必要で欠くことのできないものです。そして、その教養・カルチャーは、元来カルチャー（culture）の根底あるいは前提としてのクルトス（cultus）と関係しているということです。日本以外では教養がどこでもクルトスすなわち宗教とかかわってきていると思います。日本の政教分離主義では公立学校で宗教を教えることはできません。また教養教育の中に宗教は除外されているのが一般的です。ところが、政教分離の欧米はもちろん、発展途上国においても教養教育は宗教を排除するものではありません。倫理や道徳的価値を大学は問題にしなければなりません。その根底にある宗教が今日の大学の問題であるし、将来の人類の問題です。礼拝やキリスト教学で伝達する倫理的価値を自由な選択の中で、心に訴えるのがクルトスです。それが人格形成と真に結びついた本学の教養ということができます。

本学の教養教育

その現状

本学では、教養教育科目（非専門科目）の見直しは、教養学部が八〇％ほど担当している教養教育科目の検討とその他の各学部の専門導入・基礎科目の漸増という形で受けとめられています。教養学部以外の学部では、専門教育の一層の低学年化だけでなく、卒業後の特定の専門職との結びつきをはっきりさせる専門教育という方向をとっています。これは、理工系、社会科学系に著しいと言えます。人文科学系における実用科目の導入はごく限られたものです。それにもかかわらず教養教育は、キリスト教学を含むリベラル・アーツの牙城としての役割を一層明確にしております。キリスト教学は八単位を、原則として一年と三年で履修することになっています。それには、歴史的背景で考察したように、宗教改革、近代社会以来のキリスト教大学としての必然性があります。戦後の日本の教育の基本精神や目標とキリスト教との重要な関係があるのです。

その他、古典や哲学、芸術（音楽、美術史）などを教養教育科目として幅広く開講しています。私どもは実用専門化を求める現代社会が大学教育に対して、特定専門職の予備教育をますます強く要求してくることを充分認め、それに対する適切な対応をしつつも、今日は広い視野の総合職を必要としている社会でもあることを忘れてはいけません。いいかえれば、グローバルな教養の上に立つ専門教育というのは、本学のような四年制大学の総合大学で、しかも人間形成リベラル・アーツ教育を尊重する大学で形成される、という理念で教養教育を実施しているのです。

語学教育

教養教育にとって語学教育の目的は、外国語それ自身であると共に異文化・異国理解ないしは比較文化ということでしょう。外国語・文学の教師を目指す学生以外の人々にとっても、外国語教育の目的が、外国語それ自身を学ぶということと共に、異文化理解や比較文化ということも重要だと思います。そのような外国語教育の目標を保持しながら、学生のグレードによって現実的に効果のある対応をしなければならないと思います。語学教育にとって、その目的が何かということは、教材の選択から始まり、教育の仕方に関しても決定的な意味があります。

現実問題として、今日の大学生は、教養や将来に役立つ外国語という基準と社会ですぐに役立つためにという実用性の基準との間にあります。この二つの基準は学生のレベルからしても、外国語教育の実施にあたって尊重せざるを得ないと思います。

キリスト教的教養

冒頭に述べましたように、本学はその創立時の仙台神学校から東北学院になった時、創立の理念であったアメリカのリベラル・アーツ・カレッジ（教養大学）を具体化することができました。その時校祖たちはキリスト教的教養あるいはキリスト者としての教養を考えていました。そこで、キリスト教的教養とは何かをもう一度ふり返って考えてみたいと思います。本来教養は学問や読書と結びついたものであります。東西の古典の文書の一部を暗記していたり、音楽、美術や外国語の知識があることが、教養があることと結びついていることもあります。これらは大学で身につけることができるように思われます。さらに教養には、一定の言動のバランス、適切な判断や寛容、誠実さなどが加わるでしょう。この面の教養は大学だけの問題ではなく、すでに家庭や社会の問題です。本学の校祖たちが考えていたキリスト教的教養も、そのような教養を軽視するものでありません。既に歴史的背景で考えましたように、キリスト教世界の教養はもろもろの学問的な教養、芸術的な教養、思想的教養、そして社会（交）的教養さらに徳といわれるものなどそれ自身を否定したり、否認するものではないからです。むしろそれらを大切にしてきたからです。（新約聖書フィリピの信徒への手紙四章八－九節参照）

それと共にキリスト教、すなわちキリストの教えは、その人の教養が神と人とに奉仕し、他の人の喜びとなるものであるようにと求めています。しかし、その人自身の豊かさや徳であるだけでなく、神と他の人の喜びと助けになっているかどうか、私たちは自分で自分の教養が神と人とに奉仕し喜ばれているかどうか自己判定できません。そうあって欲しいとの願い、祈りを持つことができるだけです。それが本学の礼拝によって与えられる教養・人間形成の一つの特徴であろうと思います。

（NEW WAVE T.G.U.　一九九九年六月）

3　教養教育の問題と課題

序　今日の日本の大学におけるculture（教養、文化、人間形成）の問題と課題
―― 特に個の育成と中間社会の形成をめぐって ――

『広辞苑』は、教養について「単なる学殖・知識とは異なり、一定の文化理想を体得し、それによって個人が身につけた創造的な理解力や知識」と記しております。これは、culture すなわち、教養、文化、人間形成をよく捉えた解釈であると言えます。要するに、教養は文化的理想や価値観を持ち、また、それによって人柄・人間（人格）を形成する、という二つのことを意味しています。ところで、今日の日本の問題は、人格の尊厳と人権、人権の一つとしての結社の自由、すなわち、国家と個人の中間にある社会の形成ということです。それは、大学の教養教育にも関わっています。いずれにせよ、個人の人間形成に関係する教養とは、どのような社会を形成するかということです。

このように、教養に関し二つの点を問題にするのは、これまでの日本の教養教育の歴史的反省を踏

まえてのことです。教養は、何よりも個人的問題であり、個人文化と密接に結びついています。大正時代において、人間形成は教養主義文化のように、家族制度や男女関係や社会システムの改革と結びつくものではありませんでした。今日、教養や人間形成における重要な要素の一つとして、基本的人権の思想があります。その中に含まれる結社の自由は、個人と国家の中間に位置する教養であり、日本の大学の教養教育が関係している今日的課題でもあります。もちろん、それが聖書の使信の射程内にある事柄、すなわち、倫理的価値観である限りにおいて、キリスト教教養の問題でもあるわけです。

他方、大学の最近の改革は、設置基準の大綱化前後において、どのように変化したでしょうか。大綱化は、専門教育と教養教育の区別を廃止しました。また、大綱化によって、研究大学あるいは大学院大学、専門大学、教養大学という、大学の三類型化が一層推進されました。社会における大学の役割・位置というものがこれまでと違った形で取り上げられるようになったのです。しかし、どのような類型の大学であっても、前述のように、教養というものが人間形成であるならば、大学の営みの中で、常に、教養は課題になってくるものです。

教養大学であれば、カリキュラムの中に教養や文化に必要な科目を設定することができますが、研究大学や大学院大学の場合、そのような教養教育科目を正課の中に組み込むことは、非常に難しいでしょう。しかし、人間形成の重要性が理解されるならば、さまざまな大学の営みの中で、また、個人的人格のふれあいの中で、教養教育への配慮は可能であると言えます。そのように考えると、大学院大学や研究大学においても、教養教育あるいは教養が問われないことはないわけです。また、実業専門大学における教育は、数年学んで数年しか使えないという知識や技術ではなく生涯にわたって長く広く応用するために、教養教育を必要としていると思います。

いずれにしても、事実上大綱化によって、大学の教養教育はカリキュラムにおける位置づけが難しくなっています。しかし、教養が人間形成に関わる限り、それは、おろそかにされるべきものではありません。

I　今日の学問、科学の問題と課題

今日の大学の学問や科学の性格上、計測可能性、機能性、効用性、有用性などが、重要な要素になっております。また、仮説合理性や包括性もあります。すなわち、包括性と完結性は世界観的な役割を果たしています。包括性から、イデオロギーや世界観が出てきます。あるいは、偏りや型破りを難しくしています。そのような実証性や仮説合理性や包括性を要求する学問や科学は、いずれも、個性的あるいは全人的な教養を難しくしています。少なくとも、全人的教養や全人的文化を促進するとは言えないでしょう。

次に、ＩＴ教育の仮説合理性、すなわちヴァーチャル・リアリティの問題があります。ヴァーチャルとは本来、実際に力を持つ実像を意味している言葉ですが、用語としての意味は、現実に存在しない、もしくは、力を発揮しない仮象のことです。まったく意味が混乱しています。実際には、仮象の世界であり、抽象的な形でしか再現されない、決して現実に存在しないものであるにも関わらず、実質合理性、リアリティを持っていると言葉の上で主張していることに問題があるように思います。

次に、科学の「解釈の主観性、思弁の抽象性」の問題もあります。独自の仮説に基づく、独自の主観的解釈の必要性、これが学問の性質の一つです。その限界や相対性を認識する必要があると思います。

今日世界的に専門職業人の育成を目指す、特に、県などが主体となった公立の実業専門大学が次々に設置されています。これらの大学では、専門性が高く実用的な学問・技術の修得を目標としています。しかし、実用性が高ければ高いほど、そして専門性が狭ければ狭いほど、大学で学んだ知識や技術の寿命は短いでしょう。大学での学びを短期間で終わらせないために、また、社会に出て全体的な視野を持って総合職を務めこなすことができるために、専門基礎教育を含めて幅広く深い教養が必要です。そういう意味で、大学は全体として教養大学の側面を持つべきではないでしょうか。

Ⅱ　全人教育としての教養　人間の三区分
――身体、心（精神、生命、魂）、霊性――と教養

教養教育の目的は、まさに教育そのものの目的です。すなわち、全人教育、個人の人間形成、特に人格の完成です。そこには、人間をどう捉えるかという問題があります。ひとりの人間について言えば、人間は、身体・心・霊性（body, soul, spirit）の三つの要素を持っていると言えます。

身体に対応する教養は体育（physical culture）です。今日、あまり、physical culture という言葉は使わないように思いますが、少なくとも教養の問題を考える場合にはこの言葉は重要です。それは、単に体育の問題ではなく、人間一人ひとりの身体機能を充分に発達させる感性や知性と結びつく教養だからです。これに関しては、少し古い本ですが、『からだの意識』という書物があります。

心（soul）は、psyche ですから、理性や知性と言ってもいいでしょう。それを理性や知性と捉えると、動物との違いがはっきりしてきます。それに対し、心を anima というようにラテン語で表現するならば、アニミズムと関連します。アニミズムにおいては、人間以外の生物が、理性や知性、つまり science, reason, intelligence などをどれ程まで持っているか、あるいは人間との区別がどこまであるか、人間と同じようにどこまで扱っていいかということについては、議論があります。梅原猛に代表される人たちは、anima はすべての生物や植物、無機物にも存在するというアニミズムを主張しているよ

うに思います。キリスト教の考えとは全く異なるものです。

もう一つの人間の機能は、霊性（spirit）です。霊性の教育を公立学校でも行うのはヨーロッパでは普通ですが、日本ではなされていません。ただし、日本の私立学校は別です。超越者に関わる宗教のspiritは、身体性とも関連し、また、心（soul）、生命（psyche＝anima）、魂（nous）の働きとも結びついています。すなわち、感性や知性、意志に深く関わりを持っています。倫理、道徳、芸術に決定的影響を与えていると言えるでしょう。とりわけ、キリスト教とヨーロッパ文化との関係は、この霊性（spirit）の働きなしに考えられません。そこで、その霊性が、人間形成である教養教育とどのように関わっているかが課題になります。それゆえ、本学では単なる人間の知恵（wisdom）の次元の宗教ではなく、霊性に関わる宗教を大切にしているのです。

Ⅲ　今日の日本における教養の問題と課題

第二次世界大戦後、一九四七（昭和二二）年の教育基本法とその前年の日本国憲法において、人間の尊厳とそれに基づく人権が認められました。特に、教育基本法では人格の完成という表現さえ記されています。個人としての人間の形成や完成ということの前提には、人間の尊厳という価値観があり、それに基づいて人権が成立してきたのです。その文脈の中で個々の人間の人格の完成が初めて教育の目的として掲げられたのです。それゆえまさに、人間形成・教養が、教育基本法で謳う教育の目的そのものであるということになります。

しかし、大学の教養が、一般に、そのような目的を持つ人間形成、あるいは、個人の人格の完成として捉えられているでしょうか。大学教育の教科やカリキュラムは、それ自体で、目的を持っています。しかし、カリキュラムの目的とともに同時に考えられなければならないのが人格の完成です。そこで、個としての人間形成についてもう一度考えてみる必要があります。なぜなら、個人としての賜物や資質や能力などの個性は、DNAが違うように、それぞれ異なるからです。各人は、その個性に対応した使命・課題・役割を持っています。そのように捉えて初めて個の完成という人間形成が明確になります。個の賜物が引き出され、それが自覚され、そしてその個の使命・課題に結びつくことが人間形成の中心になります。

低学年の頃から個性を引き出して伸ばす教育をしなければ、個性の発見、個人の育成、自立、確立は難しいでしょう。その点でこの個の育成に重点があった自由七科の古典的意義があるといえます。幼稚園や小学校において個性を引き出して伸ばす教育は、日本では、欧米に比して驚くほど行われていません。教科書の指導要領が画一的であるだけでなく、授業運営自体も集団主義であり画一主義です。個人の選択による学びが初等教育でも重視されなければなりません。さらに重要なことは、道理感覚の修得ではないでしょうか。それは、第一次集団、すなわち、幼稚園前の段階から、しつけとして家庭でなされなければなりません。教育というよりもしつけの問題、人類普遍の教えを説く戒律の問題です。そこには、それぞれの国の文化や普遍的宗教の担うべき役割があると思います。

Ⅳ　社会集団の形成（結社の自由）

ここで取り上げたいのは、自由なデモクラシー社会の形成に関し、今日の日本が直面している問題です。個々の形成と同時に、各社会集団の形成、すなわち結社の自由に関する問題です。私はそれを「日本の第三の開国」の問題と考えています。（本書一一頁以下にそのことについて記しましたのでご覧ください。）

結び　教養・人間形成における受動性・他者性（宗教）の意味

最後に、人間形成としての教養には、自己形成、自己実現、能動性だけではなく、自分自身の能力や資質を越えるものに対する他者性、超越性、受動性のあることをも指摘したいと思います。例えば、それには、他者から与えられるもの、他からの刺激、インパクトなどがあります。両親からの遺伝、友人、クラスをはじめとして、様々な社会集団からの刺激もあります。その中でも、特定の人間（両親、男女の友人）から与えられる愛、友情、ゆるし、癒しなどは、受動的なものです。まさに受動的に与えられるものです。また、それらは、当人の期待どおり与えられるとは限りません。なぜなら、それらは、明らかに、自分を超えるもの、自分の外にあるものだからです。すなわち、他者なるものと言ってよいでしょう。外から与えられるもの（受動的なもの）なのです。自分で自由に所有したり、獲得できるものではありません。しかし、そのような、愛やゆるしや癒しが、人間形成にとってどれ程大切なものであるかは言うまでもありません。

今一つ、人間形成や教養のみならず、社会形成や共同体の生活にとって大切なことがあります。それは、他者から与えられる愛やゆるしや癒しに対応するもの、すなわち、こちらからの奉仕、犠牲です。一般にボランティア活動といわれているものもその一つです。自己犠牲や奉仕は、これからの高齢化社会において、ますます重要な教養や人間形成の要素となるのではないでしょうか。そのような教養や人間形成を大学の教養の問題としてどのように受け止めるかについて考えることが大学の教養、人間形成にとっては大切な課題なのです。

私は、「自分を超える愛、ゆるし、癒し」や「奉仕、自己犠牲」と、本学の建学の精神や伝統との本質的で積極的な関わりを重視したいと思います。本学は、建学の目的である学則第一条において記されているとおり、聖書やキリスト教文化、また、教養や人間形成における普遍性や力を、繰り返し認識し、確認しなければなりません。そのことのために毎日の礼拝を本学では真剣に大切にしていきたいと思います。

（NEW WAVE T.G.U.　二〇〇二年二月）

4　本学の今後の教育と研究の改革についての提案に際して

新制大学

一九九一年の大学設置基準の改正いわゆる大綱化は、戦後発足した新制大学に根本的な影響を与えました。その理由は、約四十年続いた新制大学の教育制度そのものの否定であったからです。新制大学というのは、アメリカのリベラル・アーツ・カレッジとユニヴァーシティを一緒にしたものでした。戦前の日本では、旧制度の高等学校、本学のような旧高等専門学校や旧帝大の大学予科の一部はすべてリベラル・アーツ・カレッジで、ユニヴァーシティは旧帝大と慶応、立教、早稲田といったごく少数の旧私大でしかありませんでした。それら二種の大学を一つにして四年制の新制大学にしたのです。それが本学が大学となった頃の制度でした。そのように、もともと日本の高等教育は、大学院を持たない三年制の教養大学と、教養教育後の専門教育と大学院での研究を行うことを目的とした三年制の大学とは別々であったのです。その典型が旧制高校、旧帝大でした。その二つを新制大学は一つにして、四年間の中に前半二年で教養教育を、後半二年で専門教育を、と四年間に短縮したのです。また、六・三・三・四の現制度の教育によれば、三年間の中学と三年間の高校の中等教育六年間で大学での高等教育への準備と教養教育の一部を行いました。そして大学に入学後引き続いて教養教育の続きを二年間学ぶことになっていました。それゆえ本学でも、一般教育（課程）と称して、一、二年で外国語、人文、自然、保健体育などに関係する科目を履修させていたのです。

他方、新制大学以前の東北学院の高等（専門）部は、既述のように教養大学でした。その意味では、戦前の東北学院にせよ、新制大学の本学にせよ、創立以来の教養大学としての教育機関であったと言えます。もちろん、その間、新制大学においては、大学院で研究者を養成しなかったのではありません。しかし、院生の数は微々たるものでしかなかったのです。

大学設置基準の改正

そのような中での大学設置基準の改正でした。それによって、教養教育科目と専門教育科目の区別は撤廃され、それぞれの学科の教育目的に即し、専門教育の目的に焦点を合わせた科目を基礎教育科目あるいは導入科目として配置することが可能になったのです。（一方で中等教育での教養教育は手をつけずに、受験教育の中で放置されたままです)。その結果、実業専門性の高い学科、卒業後の特定専門職との結びつきの強い学科・専攻は、一層職業予備教育が容易になりました。この傾向は大学教育に対して従来の資格と共にプロフェッショナルな付加価値を求める学生、企業、一般社会の要求にも応えるものであったのです。さらにこの設置基準の大綱化は、文化史的に見れば、わが国全体のグローバル化時代への対応と直接関係したものでした。すなわち、日本の社会の構造的危機——官中心の価値観、公的機関・法人組織の私物化、護送船団方式の崩壊、アカウンタビリティの欠如——、アメリカを中心とする技術革新、市場原理と自由競争への対応、グローバル化と日本社会の停滞・閉塞感、新たな経済的繁栄の待望とも関係していたと思われます。そして、その後のバブル崩壊は、こうした傾向に一層弾みをつけるものでした。

しかし、これらの諸現象と共に高等教育に対しても、グローバル化・情報化が、具体的に英語やITの技能としての重要性を増加させました。それと共に、他方で、受験戦争といわれる教育問題が一層深刻な影響を与えています。初等・中等教育が高等教育への準備であるよりも、偏差値の高い大学への入学準備としての性格を強めることによって、履修科目の偏重が顕著になりました。この傾向に拍車をかけたのが、大学の激増と就学人口の減少です。少々単純化して言えば、英語やITがスキルとして必要性を増すと共に、スキル以上の教養が要求され、グローバル化時代におけるグローバルな教養が不可欠なものとなっていることです。他方、高等教育への準備不足は、大学入学後の教養教育のみではなく、大学の教育の在り方それ自体に、つまり、授業運営・教授方法に真剣な反省・問いをもたらすことになったのです。

本学の今後の教育改革

(1)　あらためて申し上げるまでもなく、本学はキリスト教大学で、私学としてその建学の精神を発信する自由が与えられています。教養（人間形成）教育は、聖書の有するグローバルな倫理的、文化的価値観を基本にしなければなりません。その上に立って、自立した個人として判断し行動できる人材の育成、自由平等を基礎とした隣人愛の奉仕的社会の担い手の育成に務めるという建学以来の伝統を堅持し、さらに展開させていきたいものと思います。

(2)　グローバル化時代を生きるスキルとして、英語・ＩＴの教育は更に充実させなければなりません。東北アジアにおける日本の、東北にある大学として、中国語の他に朝鮮語、ロシア語の授業も必要なのではないでしょうか。グローバル化の次代を担う学生のために、全学生の一％ほどの交換留学生を派遣し、また受け入れを可能とする方策を打ち立てたいと思います。そのためにも外国人学生に対する日本語とその文化を教える制度を持たなければならないでしょう。各学部に日本語で講義できる優れた外国人教員の採用も必要かもしれません。

(3) しかし、最も基礎的なこと、緊急のこととして眼前にあるのは、授業内容・方法の改善と充実です。既述のように。大学教育を受ける充分な準備のない学生の増加の中にあって、教育そのものを一層重視し、授業方法の改善充実（ファカルティ・ディヴェロップメント）を図らなければなりません。そのために既に行われているシラバス、学生による授業評価の改善と結果の活用、成績評価の客観的基準、例えばＧＰＡ（グレード・ポイント・アヴェレージ）の導入などが考えられます。それと共に授業の充実・効率、国際交流、更に最近の就職活動などを考えると、約十年前に提案したセメスター制の導入ないしはセメスター完結型の科目の更なる増加を願わずにはいられません。

(4) 専門教育と職業予備教育へのニーズも顕著です。とりわけその専攻がどのような特定専門職と結びついているのか。それが明確である場合は、学部教育と大学院教育との効果的連結を考え易くなるでしょう。しかし、文化系の多くの学部の学生や、将来の職業選択を幅広く考えている学生には、主専攻（メジャー）と副専攻（マイナー）制の導入、学部をこえた学科専攻の単位読み換え・互換の更なる推進が必要かもしれません。

以上のような教育（授業）の改善は、それを努力する教員の教育業績とも関連します。授業ソフトの開発、優れた教科書の執筆などを、少なくとも昇進の際の評価の一つとして用いることは可能ではないでしょうか。

(5)　大学教員の三つの職務のうち、教育を除く研究、行政について一言しますと、すでに教員の大学昇進規程の改革、業績報告書の刊行がなされました。行政については、すべての行政についてしかるべき評価がなされなければならないという前提で諮問しています。

(6)　大学院の改革については、多数の社会人の受け入れと共に大学院のコース分け、種別化が課題となっています。種別化とは、①研究者養成（博士課程後期）、②高度専門職の養成・資格取得、③教養・リカレントなど、目的を明確にすることによってなされます。これらに対応した大学院担当者の配置と相互協力も教員の専門性役割分担、適正規模のこともあり、不可欠です。すなわち、(a)研究者養成コースには担当教授および特任教授委嘱が考えられます。(b)税理士養成、専修免許状取得、連携ロースクール、ビジネススクール（事業後継者養成コース）などには多数の学外専門家、有識者の協力を得なければなりません。(c)教養・リカレントコースには全教員の参加が必要でしょう。

以上、大学設置基準改訂いわゆる大綱化以後約十年を経過して、今後本学の改革の方向について、教学面に焦点をあてて所見を記しました。学内外のご意見を伺えれば幸いです。

（NEW WAVE T.G.U.　二〇〇〇年一〇月）

附　学長提案

Ⅰ　全学共通の教養教育科目について

(1) 本学の特色としてのキリスト教学の重要性を確認しつつ、その内容について開かれたものであること（例えばキリスト教人間観、キリスト教文化など）

(2) グローバル化時代を生きるスキルとしての英語・ＩＴの教育の更なる充実。英語グレード制とＩＴ設備の充実と授業の導入

(3) 東北アジア（朝鮮、中国、極東ロシア）、東南アジアとの関係を重んじ、交流への基礎としての朝鮮語・ロシア語授業を開講

(4) グローバル化時代の教養として世界文化史の知識を含め、人文、芸術、社会、自然のリベラル・アーツの幅広い教養を履修しうるような科目の設置

Ⅱ　授業内容・方法の改善・充実（ファカルティ・ディベロップメント）

(1) 教育を重視し、教員の教育業績を評価する制度を創出

(2) 教員数の確定、配置換えの推進

(3) セメスター制度の確立

（4）シラバスの充実、「学生による授業評価」の結果の活用と改善

（5）成績評価の客観的基準の制定

Ⅲ　専門教育と職業予備教育

（1）それぞれの専攻に対応した特定専門職（スペシャリストあるいはプロフェッショナル）教育の導入

（2）（1）の点に関連して、学部、学科、専攻によっては学部教育と大学院の教育とのより効果的な連結

（3）学部、学科、専攻間の単位読み換え、互換の更なる推進。例えば、主専攻（メジャー）、副専攻（マイナー）制の導入

Ⅳ　大学院の種別化

（1）①研究者養成（博士課程後期）　②高度専門職の養成・資格取得　③教養・リカレント

（2）（1）に対応した大学院担当者の配置と相互協力

a　研究者養成コース

b　税理士養成、専修免許状取得、連携ロースクール、ビジネススクール（事業後継者育成コース）などを含む。学外専門家、有識者の協力

c　教養・リカレントコース

Ⅴ　国際交流

(1)　総計約三十校――常時、収容定員の一％程度の交換留学生の派遣と受け入れを可能とする――協定校の選定

(2)　外国人教員の積極的採用

(3)　国際交流のための日本語教育の制度化

(NEW WAVE T.G.U.　二〇〇一年二月)

5　東北学院大学の近未来の改革

―― 最良の教育と研究を提供するために ――

I　はじめに

大学は、研究なしに存在しません。しかも、大学の自由とは教育の自由ではなく研究の自由のことです。

特に東北学院大学が研究をいかに重視しているかについては、昨年の大学基準協会の相互評価において、一定の評価が与えられました。本学の研究の一つの水準を示すものとして、本年度から与えられた「オープン・リサーチ」補助金があります。これは本学の史学科を中心に東北大学、名古屋大学、一橋大学、ロシア、中国の大学が協力して東北アジアの河水流域文化を個別・総合的に研究するプロジェクトです。

以下は、本学の教育の現状の一端と、近未来の教育に関する改革の方向の二、三を記したものです。

Ⅱ　法科大学院（ロースクール）の設置と新教養学部

二〇〇四年四月からの法科大学院開設を目指し、現在準備が進んでいます。法科大学院は法学部の上にできるわけですが、入学定員の三分の一を法学部以外の出身者の中から入学させなければならないという条件があります。このことは、本学の全学部にとって、進学や将来に対する希望という一つのインパクトを与えるものとなるでしょう。法科大学院生の予定入学定員は五〇名で、どの程度の学生が志願するかわかりません。しかし、本学の中に、高度専門職の言わば「ビジネススクール」の一つの形態としての法科大学院があるということは、大学の一つの機能として重要なものではないかと思われます。

法学部にかかわるビジネススクールの一つとしての法科大学院の開設が、今後の他学部にかかわる専門職大学院の検討への機会になるというように、将来の東北学院大学のあり方について一つの具体例を与え、方向を示しているというように思います。しかし、それはまさに一つの方向に過ぎないわけで、東北学院大学全体の教育からすると、教養学部の拡充がより大きな改革となります。教養学部教養学科人間科学専攻・言語文化専攻・情報科学専攻の三つの専攻を、「人間科学科・言語文化学科・情報科学科」の三つの学科とします。そのほかに設置を申請することが決定している「地域構想学科

（仮称）」を含め、教養学部四学科への改組を来年度申請する予定です。それは、本学の教養教育の新しい体制を築くということになり、本学が「教養教育型総合大学」であるということを、さらに明確にすることになります。

Ⅲ　教養学部の教養教育

平成三（一九九一）年の大学設置基準の大綱化により、専門教育と教養教育の区別がなくなり、学部・学科の専門教育に集約していく形を非常にとりやすくなりました。また、そのために教員の選考において、専門性を重視した採用を進めてきましたが、それは教養学部のあり方に対して不安定な要素となってきました。今回、教養学部を四学科にすることによって、教養教育の内容を豊かにすると同時に、教養学部の本来持っている教養学部全体の教養教育というものを、さらに充実させるきっかけになるのではないかと思います。

教養学部は、本年で開設十五年目を迎えます。教養学部が、既存の学部・学科のように縦割りであったならば、教養学部を充実・拡大させるということは、既存の学科を増やすということになっていたと思います。しかし、教養学部の教養教育は、そのような縦割りの教育をむしろ拒んで、学部全体で、幅広く深い教養を身につけさせることをめざす、リベラル・アーツ・カレッジを拡大した総合教育を行ってきました。それにより、教養学部を中心に行われる教養教育を基礎とした「教養教育型総合大学」を、継承することができたのです。今後もこの方向を堅持して進んでいきたいと思います。

その中心にある教養学部における教養教育は、ある意味で、日本の大学の教養教育のモデルの一つとなっていると思います。そのモデルというのは、大学全体が教養教育を行うのではなく、教養教育を教養学部が担うと同時に、教養学部自体の教育を教養教育として完結させるという特色があります。これは、国際基督教大学、東京大学において行われている方式ですが、日本の大学の中ではユニークなものではないかと思います。

文部科学省では、第三者評価機関である財団法人大学基準協会に委託し、「特色ある大学教育支援プログラム」として、教育に対する特別な支援体制を始めました。本学でもこのプログラムに申請するための準備が進められており、特に、これまでの教養学部の教育方法を総括したものを、第三者評価機関から審査を受けるということは重要な意味があります。本学では昨年度、大学基準協会の大学評価の一つである相互評価を受けました。その結果概評の中には、「教養学部が自身では今日的な学科構成を持ちながら、全学共通の教養教育を担うべく努力を傾けていることは、……評価できる」とありました。今回は、それに続いて同じ大学基準協会の評価を受け、それが文部科学省の評価となるわけであり、よい評価を与えられるよう願っているところです。それは、その評価が今後の本学のFD（ファカルティ・デベロップメント）への取り組みの参考となるからです。

Ⅳ　新しい教養学部の姿

教養学部の改組が検討されたきっかけは、学部の競争力の増大が目立ってきており、また競争力の高い学部で大学全体を牽引していこうという考えがあったからです。新しい地域構想学科（仮称）は、当初私が思案したものとはかなり異なっています。私は抽象的な表現ですが、教養学部ということから、むしろ、言語文化学科というものを中心とした地域研究のようなものを考えました。しかし、種々の会議を経て、最終的に地域構想学科（仮称）という形になりました。結果として良かったと思います。この「良かった」というのは、そのような学科の方が、東北の地域にさらに密着し、そこで受け入れられる学科になったのではないかと思うからです。

地域構想学科（仮称）では、「地域社会を支えるもの」、「生涯にわたる健やかな生活」、「人と自然のかかわり」という三つの領域を想定しています。「地域社会を支えるもの」の領域では、地域経済や政策などを住民の視点から考え、都市問題や地域づくりに取り組みます。「生涯にわたる健やかな生活」の領域では、地域福祉や地域スポーツを焦点に、心身共に健康な生活を生涯にわたって維持するための諸課題に取り組みます。最後に「人と自然のかかわり」の領域では、自然環境を構成するさまざまな要素を注視し、環境問題に取り組みます。以上のことが、この地域構想学科で行われることになっています。

地域構想学科（仮称）は、文字どおり、町おこし、村おこしに結びつき、また、実習や実地研究の形だけではなく、学問的にも地域おこしと結びつくでしょう。同時に、東北や日本だけを問題とせず、発展途上の他国の地域おこしということも視野に入れたものとなります。この学科で学んだ卒業生の予想される進路は、地方公務員、福祉関連、スポーツ団体・企業関連、環境関連、地域に関するあらゆる情報をビジュアルに表現し、そこから地域の特徴を分析する作業、教員、気象予報士、観光関連などです。

Ｖ　TOHOKU-GAKUIN　STANDARD　英語力／ＩＴ技術

前後二度にわたる学長提案には、今日の東北学院大学が必要としている学部教育・大学院教育・研究改革の主要なものが含まれていると思います。その一つとして、東北学院大学全体の教育スタンダードといえるものをキリスト教の他に、英語教育とＩＴ教育に関して既に打ち出しています。ここでいう英語教育とＩＴ教育は、就職活動の際の履歴書に書く点数や資格を得るためだけではありません。英語教育とは、具体的に、ＴＯＥＩＣやＴＯＥＦＬを点数化して最低点を設け、東北学院大学のすべての学生がある点数以上を持ち、英語コミュニケーション能力を持とうというものです。また、英語に関連する学長提案のもう一つに、国際交流協定校の拡大があります。これは、総計三〇校の協定校を選定し、学生収容定員の一％程度の交換留学生の派遣と受け入れを実現しようというものです。もう一つのＩＴ教育は、ＩＴに関する技術や資格を有することによって、社会や企業で通用する人材を育成するということです。もちろんそれらの教育の土台にあるものは、教養教育であり、その上で専門教育を受けて社会に出ていくということが学長提案の意とするところです。

東北学院大学のどの学部・学科の卒業生でも、これだけのものを持っているということは、企業としても安心して採用できるのではないでしょうか。この実現のために重要なのは、東北学院スタンダードに挑戦し修得できる学生を受け入れることですが、今すぐ実現可能と思われることは、既にいくつかの大学がそうしているように、高校時代、あるいは在学中に取得したＴＯＥＩＣやＴＯＥＦＬのある点数以上を単位換算することです。

なお、ＩＴ技術の向上については、工学部の先生方が鋭意検討を重ねてくださいました。近く、画期的な技術向上システム導入が提案される予定です。

いずれにしても本学としてはＦＤ委員会（仮称）を設けて、学長提案に関連する教育改革をさらに積極的に展開しなければならないと思っております。

Ⅵ　高等教育機関と地域社会

去る八月五日、仙台市教育委員会と東北学院大学は、「小学校英語活動サポート」についての協定を締結しました。そこで、今一度、大学という高等教育機関の役割について考えたいと思います。高等教育機関には、三つの社会的な役割があると思います。一つは社会に対して、二つ目は中等教育（中学校・高校）に対して、最後に初等教育（小学校）に対する役割です。しかも、その三つとも大学の本来の役割の展開に即したものでなくてはならないと思います。大学本来の教育が、同時にそこで役立つ形の展開方法が、一番大学に無理もないし、大学としても発展すると思います。地域のために、大学が本来すべきことをやめて取り組むということにはならないし、それはしてはいけないと思います。それを前提にして、大学が行うということが、社会や中等教育、初等教育に対してどのような貢献があるかということになると思います。

初等教育機関の教員になりたいという学生がおりますが、そのような学生にとっては、いろいろな形で初等教育の生徒に接することは意味があるでしょう。そのような機会をつくるのが、今回の仙台市教育委員会との英語活動に関する提携です。

中等教育に関しては、特に中等教育本来の教育を妨げないということが一方にあり、他方、大学としては大学の教育を抑制しないことが、長期的視野で支援になるだろうと思います。推薦入試などで早い段階に本学への入学が決まった学生に対し、本学での教育を先取りする「入学前教育」を行っていくことができるでしょう。また、本学に決まった学生で、大学教育を受けるための準備が充分にできていない学生に対して、「リメディアル教育」（補習授業）を行っていくこともあるでしょう。

最後に、特に高学歴・高齢化社会の社会人に対しては、大学は積極的に貢献できます。それは、大学の講義のエクステンション（延長）や開放といえる公開講座です。今一つは「学都仙台単位互換ネットワーク」を利用した社会人教育です。これは、公開講座のような教養教育のさらに上にくるもので、サテライト・キャンパスを設置し、単位互換の講義をすると同時に社会人にも科目等履修生として単位を与え、その結果、必要な単位を取得すれば、大学卒業資格を与えるというものです。現在、「仙台学長会議」の中で検討されていますが、実現されると一種の「リカレント教育」となり、高学歴・高齢化社会における大学の一つの新しい展開になるでしょう。

Ⅶ　同窓生へのアプローチ

初等教育、中等教育、社会人教育への貢献を考える時、本学に連なる同窓生についても考えなければなりません。同窓生に対する本学からのアプローチとして二つがあると思います。

　一つはＡＯ入試です。同窓生のご子息で、一定の能力を有し、本学での勉学意欲がある場合は、是非ＡＯ入試にチャレンジしていただきたいと思います。それ以前に、本法人は、二つの関係高等学校を有しています。本学に御子息を進学させてくださる前提として、最も近い方向は、それらの高校で学んでくださるということでもあります。

　もう一つは同窓会です。同窓会の目的は、同窓生相互の親睦と研鑽、さらには母校の支援です。同窓会各支部での親睦は数多く行われており、毎年十月には、同窓生を大学に招待するホームカミングデー（同窓祭）を開催しています。また、公開講座を広く提供することにより、勉学意欲にも応えています。また、例えば、東北学院同窓会館でなく、一種のサテライトキャンパスの機能を併せ持つ「東北学院会館」というものをつくり、そこで同窓会が特別な企画を行うということも思い描けるでしょう。

Ⅷ　絶え間ない歩み

　最後に、東北学院大学は、感謝すべきことに「地方のブランド」とも表現されています。創立一一七年という長い歴史を有し、約一三万七千人の同窓生や元教職員が蓄積してきた大きな遺産があります。それが、東北地方において受け入れられている評価をあらわすものと言えましょう。私たちは、その遺産を本当に大切にしなくてはなりません。そして、それらの遺産と調和させながら、またはそれを用いながら、日々改革を続けなければなりません。

伝統とか文化というものは、生かすことによって力を持つものです。日々改革するところ、毎年改革すべきところは改革し、そして、数年に一度はまとまった大きな改革を実行すべきです。幸いに、本学ではそのような流れができているように思われます。

（二〇〇三年一〇月　NEW WAVE T.G.U.より）

三　大学の精神と使命

――入学式・卒業式式辞――

Ⅱ　大学の精神

新入学生、新大学院生ならびに新編入生の皆さん！　創立以来一一〇年になろうとする東北学院大学への入学を心から歓迎します。歓迎の意と皆さんへの期待の意を込めて、大学とは何か、何のための大学かについて、特に大学の精神と教養に関連して、本学の立場からお話したいと思います。

Ⅰ　大学の精神

皆さんは、いろいろな目的をもって本学に入学なさったに違いありません。本学に入学した目的は何ですか、と質問されると、皆さんはいろいろな返事をなさるに違いありません。また一人でいくつもの目的を抱いていることでしょう。しかし、程度の差こそあれ、最も多くの方が考えていること、いわば大学入学の最大公約数的目的の一つは、専門の知識を学んだり、技術を身につけたりしたい、ということではないでしょうか。とりわけ、就職を前提とした学問の研究、専門の知識や技術を身につけるために、ということが、最も多くの方の共通の目的ではないかと思います。

そのように、専門のあるいは特定の知識や技術を学ぶために、すなわち、学問をするために本学に入学してきたということが、最も広く皆さんに共通しているとしますと、それは、千年近い歴史を持つ大学、ユニヴァーシティといわれるものの、特にその精神に連なるものであります。

大学の精神というのは、大学で学ぶ、学問をする場合の精神であります。大学で学ぶ際の大切なことの一つは、知らないこと、知らなかったことに気づくことであります。完全な、充分な知識に到達していないことを、それぞれの学問の中で知っていくことであります。それは古代ギリシャのソクラテス以来、学問を学ぶ者の基本として重んじられてきました。そのような無知の知、知らないことを知っているということによって、皆さんは質問し、問いを発することができます。その問いによって、さらに深く知り、前に進むことができるのです。学問を学ぶ者にとって大切なことは、限りなく問いを発すること、批判することであります。しかし、単に知識についての批判だけでなく、自分自身を批判することが大切であります。自分自身を批判することによって初めて、まだ充分に知識を獲得していないということだけでなく、自分の知識を完全なものとみなしたり、自分の知識によって傲慢になったりすることを防いでくれるでしょう。自己批判によって、人間としても前に進み、成長することができるでしょう。このような学問の精神としての前進する批判精神について、想い起こすことがあります。

私がそこで学んだドイツのハイデルベルク大学の新しい建物の入口に、文芸史家グンドルフの「生ける精神に（dem lebendigen Geist）」という言葉が刻まれております。これは少し解り難い言葉かも知れません。そこで、この言葉についていろいろな人が解釈を試みています。二〇世紀を代表する哲学者の一人で、ハイデルベルク大学の教授でもあったK・ヤスパースは、「大学の改革について」という講演の中で、この精神について言及しています。「生ける精神」というのは、学問の精神のことで、それは限りなく自己を批判し、前に進むことを捉す問いを発することだといっております。ハイデルベルクやヤスパースはともかく、実は私たち東北学院大学においても、この学問の精神、すなわち、知っていないことを自覚すると共に、知識を持った自分自身を批判するという学問の精神を記した言葉を、皆さんはきっと目にすることでしょう。

本学の土樋キャンパスの九〇周年記念館（学生・教職員会館）の入口に、「知識は人を誇らせ、愛は人の徳を高める」（コリントの信徒への手紙一、八章）という聖書の言葉が掲げられております。先程も申しましたように、「人を誇らせ、高ぶらせる」のは、学問の精神、大学の精神ではありません。むしろ、それに反する精神です。そうだとしますと、この聖書の言葉は大学の精神を究極的な形で表現しているといえるのではないでしょうか。要するに、本学がよってもって立っている聖書も、学問を志す者の精神を教えているのです。

Ⅱ　教養――人間形成のための大学

次に話をもう一度はじめに戻します。何のための大学か、大学で何をしたいか。大学の方から申しますと、本大学の存在理由は何かということです。その問いに対して、先程は学問をするためにといい、学問を志す者の精神の一端に触れました。ところで、実は、何のために大学へ、という問いに対する答えとして、広く語られるもう一つのことは、教養のために、教養を身につけるために、というものです。教養（culture）というのは、人間を耕す（cultivate）ということです。あるいは人間を形成する（build up, Bildung）ということです。先程のヤスパースによりますと、教養とは人間性を豊かにすることであります。先程紹介しました九〇周年記念館入口に掲げてある聖書の言葉は「知識は人を誇らせ、愛は人の徳を高める」でありましたが、その後半の「人の徳を高める」というのは、家を建てるように人を造りあげる（build up, Oikodemew）ということです。

ところで、教養すなわち人間を耕し、形成し、造りあげるということで、大学において重要な役目を持っているのは、学問そのものであり、そこで学ぶ知識、技術であります。もっとも皆さんは、大学生活で人間性を豊かにし、形成するのは、友情であり、クラブ活動だと思う方も多いでしょう。それは確かです。しかし、その大切な友情もクラブ活動も学問の場としての大学の中でのことであります。それだけに、学問が真に皆さんの人間性を豊かにする役割を果たすことができるならば、それこそ大学らしい大学であり、皆さんの人間形成、教養のためにという入学の目的に合致する大学といえるでしょう。実は、一九世紀以降の大学は、教養、人間形成のために、ということを大学の目的として掲げ続けているのです。しかし、学問や知識、技術そのものが、それだけで人間性を豊かにしたり、高めたりすることは稀ではないか、難しいのではないかといわざるを得ません。既にお話したように、知識は人を誇らせ、知識・技術は、猛毒の科学物質を作り、無差別に人を損なうこともあるわけです。私どもの大学は、あの九〇周年記念館の入口の言葉が、「愛（charity）は人の徳を高める」、人間を造りあげ形成すると言っているように、学問と人間形成、教養の結びつきを真剣に考えることを目的としている大学なのです。

私どもの大学は、理性の営みである学問が真に人間を形成するためには、学問・知識だけでなく、プラス・アルファーとして、愛（charity）が必要であると考えております。そうです、学問の教育、研究が人間性を豊かにするためには、私をはじめ人間はだれでも生涯、愛（charity）、自己と他の人間性を豊かにする愛について学び続けねばなりません。皆さんは共にそのような歩みを本学においてしていただきたいと願って、私の告辞といたします。

（一九九五年度入学式告辞）

2　人間の尊厳と基本的人権

新入学生の皆さん、本年創立一一〇周年の記念の年を迎える東北学院大学への入学を心から歓迎いたします。皆さんの入学に際して、キリスト教大学として本学が目指している教育の根底について一言し、皆さんにも共に考えていただきたいと願っています。

東北学院創立数年後、すなわち、今から百年以上も前に、創立者の一人押川方義校祖は、本学の教育目的について、「独立の人物、人物それ自身の完全な発達」と記しております。今日のわたしたちの言葉でいえば、「自主独立、個人の尊厳と人格の完成」ということでしょう。これは、一八世紀以降の近代世界が、目指してきた社会形成に対応する教育の目標を継承したものです。それはまた近代の大学の模範とされたベルリン・フンボルト大学が目指したものでもありました。今から五〇年ほど前、わが国が太平洋戦争の降伏の条件として、個人の尊厳に基づく基本的人権の尊重を承認しましたが、そのこともそのような世界史の流れの中で考えることができます。それゆえ、わが国は、第二次世界大戦後、日本国憲法と教育基本法において、日本の国家の再建と小学校から大学にいたるまでの教育の目的として「個人の尊厳、人格の完成、それに基づく、基本的人権の尊重」を掲げるに至ったのです。その意味で押川校祖は今日のわが国の教育目的を先取りしていたということができます。

ところで本学は、私立大学です。私立大学というのは、それぞれ独自の教育の目的を掲げている大学です。したがって、私立大学は、独自の宗教や世界観に基づく教育目的を掲げることが許される信教の自由が保障されている社会にしか存在しません。いいかえれば私立大学は、その社会なり、国家なりが、自由な価値多元のデモクラシー社会であるかどうかのバロメーターであります。それと同時に、他方、私立大学は自由なデモクラシー社会の形成に特にその根底にある人間形成に積極的に貢献する使命が与えられているといえるでしょう。それでは私たちの大学は、どのようにして自由なデモクラシー社会の形成に貢献するのでしょうか。本学の目指している人間像に移る前に、今の日本の状況について少し考えて見たいと思います。

先に第二次世界大戦後の日本の教育は、教育の目的として個人の尊厳、人格の完成、基本的人権を掲げてきたといいました。しかし、現実にはどうでしょうか。戦後五〇年の日本の教育の歩みはどうであったでしょうか。それは悲劇的といってよい程の個性の弾圧、抹殺の歴史ではないでしょうか、「いじめ」の問題は、小学校高学年から中学校、高等学校まで、個々の人格の尊厳、基本的人権が悲しいまでに奪われてきたのではないか、と私たちに語っていると思います。これはわたしたちの文化、社会がまだ成熟した市民社会ではないという根本的な問題を示していると思われます。

それでは、本学の場合はどうでしょうか。本学が、主張する人間についての考えは聖書のものです。聖書の冒頭に「人間は神に似せて造られた」とあります。この聖書の言葉によって、アメリカの独立宣言は、「すべての人は平等に造られ、造物主によって、一定の奪い難い権利が与えられ」と主張しました。アメリカの独立宣言はさらにフランス革命の権利宣言の典拠になりました。権利宣言は「人は自由かつ権利において平等なものとして生れ」と基本的人権を謳ったのです。そしてそのような基本的人権は今日全世界に通用するグローバルなコンセプト、価値となり、自由なデモクラシーの社会形成の前提となってまいりました。そして、どのような国家であれ、社会であれ、そのような歴史の流れに反し、基本的人権を無視したり、それを奪うようなことはできなくなりました。そのことの何よりの証拠が、そのような流れに反した旧ソ連、東ヨーロッパ諸国の崩壊です。

ところで、私たちは、生れながらにして、ある程度自分の基本的権利やその前提としての自分自身の尊さ、尊厳については気が付いております。しかし、他の人間の尊厳、基本的権利についてはどうでしょうか。他の人の尊厳や基本的権利が充分に自覚され、守られる社会では、いじめは起り難いでしょう。またわが国が憲法と教育基本法で国の形成と教育の目的としたことは、他の人格の尊厳を認めること、基本的人権を尊重することが既に達成されたものでなく、なお人類の課題、目標であることを承認したことを意味しております。

さて、本学が属するプロテスタント・キリスト教は、人間の尊厳と基本的人権を基盤とする自由なデモクラシーの社会形成に特別な貢献をしました。その重要な例として先にアメリカの独立宣言をあげました。その独立宣言をふくめて、プロテスタント・キリスト教の原理である万人祭司という考えが働いたと申しあげたいのです。皆さんは世界史の授業でこの言葉を聞いたことがあると思います。万人祭司とは、すべての者が神の前において自由で平等なかけがえのない存在である、という宗教的約束、宣言なのです。ノーベル文学賞の受賞者トーマス・マンは万人祭司を宗教的民主主義と呼びました。また有名な『民主主義の本質』の著者としてA・D・リンゼイは、民主主義を宗教的言葉でいい換えたものが、万人祭司であるといいました。本学の教育の根底にあるプロテスタンティズムは、そのように人類の目標である自由なデモクラシー社会の人間形成に深く関係したものなのです。

新入学生の皆さん、本学が提供する礼拝、宗教活動、授業やゼミナール、課外活動、いろいろな教育、研究プログラムに、どうか積極的に参加し、ご自身の個性を伸ばし、豊かにしてください。皆さんが本学を卒業し社会で活躍する二十一世紀において、グローバルな価値を大切にする成熟した自由なデモクラシーの社会を形成する一人として活躍できるような基礎を養って下さい。そして、中世以来の大学人の相言葉の一つであったExtra universitatem non est vita.「(東北学院)大学以外に私の生活はない」と言いうるような学生生活をみなさんがすごされるよう心から願って私の告辞といたします。

(一九九六年度入学式告辞)

3　大学の使命

新入生の皆さん、本学および本学大学院への入学を心から歓迎致します。本学への入学にあたって、大学とは何か、どんな所なのか、とりわけ、東北学院大学はどんな大学であるかについてお話し、皆さんのこれからの大学生活の参考にしていただければと思っております。

大学の三つの使命

大学には三つの使命・課題があります。まず、カルチャーを受け継ぎ、それを伝えていくということです。カルチャーには文化と同時に教養という意味があることはご存知でしょう。それゆえ、カルチャーは学問、科学、知識なしにはありえません。そのうえさらにカルチャーには人間形成という意味が加わります。つまり、カルチャーは、教養、文化、人間形成という意味を持ち、その三つのうちの一つを欠いても充分ではないのです。教養課程は人類文化の継承、伝達を目標とすると同時に皆さん自身の人間形成に直接結びついたものです。〔そこに専門教育科目はもちろんですが、特に教養教育科目の重要性があります。具体的にいえば、国語や外国語、哲学思想、社会科学や自然科学、音楽や美術の芸術、身体の文化（フィジカル・カルチャー）といわれる体育などの科目は、教養・文化・人間形成という三つの意味を持つカルチャーにとって必要な学問ということになります。〕そのようなわけで、教育の目標である皆さん一人一人の人格、個性的人格の形成に関わる教養教育科目を大切にして欲しいのです。

教養の本来の意味

ところで、本学のカルチャーには、カルチャー本来の意味を、さらに明らかにするものがあります。カルチャーは本来クルトゥス、つまりカルトに由来しています。したがって、それは文化、教養、人間形成と同時に宗教とか礼拝に関係しています。その宗教とは、深い次元から文化や教養を生かすものです。たとえば、私ども一人一人に繰り返し反省と悔い改めを求め、新しく自分自身を形成させる宗教、「人間形成の宗教」が、本学のカルチャーの中にはふくまれているのです。またそのように宗教をふくめて教養や文化を理解してきたのが、中世にはじまるユニヴァーシティです。ユニヴァーシティといわれたところでは、宗教を排除する教養というのは考えられませんでした。その意味で本学は、欧米の大学の主流をなす大学の伝統に連っているのです。

専門職への備え

次に、大学は、専門職につくための準備の教育、職業予備教育をする所です。そのために大学では専門教育がなされております。ただし、本学でなされる専門教育は、ある学部学科は特定の一つの専門職につくためのもの、つまり、ある学部、ある学科を出れば一つの特定の専門職にしかつけない、というようなものではありません。特定の専門職養成をターゲットとした専門大学が国の内外でも近年設立されていることは、皆さんもご存知のとおりです。私たちの大学は、そのような専門大学ではありません。とはいえ、皆さんをはじめ大学志願者の多くが希望していることは、ある専門の勉強をすれば、ある専門職につくことができるという確かなコースであろうと思います。そのように大学での学びの確実な結果をえるために、本学でも専門的知識・技術を生かした専門職への教育をし、資格をとることのできる科目や講座を置いております。皆さんは、本学のそのような多方面の専門職への備えを理解し、ご自身の将来への希望の中に生かし、大学生活を実りあるものとしてください。

研究

さて、第三の大学の使命は学問、科学の研究です。具体的にいえば、若い研究者の養成と研究それ自体、ということです。本学は全学部全学科が基礎学部となるそれぞれの大学院研究科を持っております。大学院生の数も百名を越えるようになっております。しかし、大学が使命とする研究は、研究者だけがたずさわるものではありません。大学院の講義、演習はいうまでもなく、教養教育課目であれ、専門教育科目であれ、大学では研究なしの教育はありません。皆さんが教育の背後にある先生方の研究に目をひらき、それに学び、研究することの魅力に触れて欲しいと心から願っております。それが教育されるべき唯一の被造物である人間にとって重要であるだけでなく、生涯の学びのエネルギーとなるからです。

最後に学校、スクールについて申します。学校はスコレー、すなわち、余暇とか予備（そなえ）の時、という言葉に由来しております。本学での学びは皆さんの生涯にとってまさにかけがえのない備え、予備の時であります。悔いのない大学生活を心から願い告辞といたします。

（一九九七年度入学式告辞）

4　教養、人間形成

新入生の皆さん、創立以来一一二年を迎える、本学への入学を心から歓迎いたします。入学に際して、本学での学びについて、とりわけ、本学の教育について、わたくしの考えの一端をお伝えし、皆さんの参考にし、また心にとどめていただければと思っております。

皆さんは、本学入学に際して、あるいは、広く大学進学にあたって、何のために大学で学ぶのか、大学進学の目的は何かについて、それぞれ考えておられるでしょう。そのようなことについて、ご父母、あるいは先生、友人から、教えられたり、示唆されたこともあるでしょう。ある職業に就いて、自立し、独立した人間として生きるために大学で学びたいとか、よりよい生活ができるために、教養、知識、技術を身につけ、学んでおきたいなど、大学入学の目的、願いを持っておられることでしょう。そのような皆さんの、大学進学の目的は、大学をとりまく、社会、企業あるいは、国家や地域の行政府の期待に対応したものでもあります。すなわち、企業や地域社会の発展のために、あるいは、国の繁栄のために、必要な人間となって欲しいといった、さまざまな社会集団のニーズに関連し、結びついたものです。いずれも、大切な要求、ニーズです。

そのように、皆さんの大学入学の目的や、企業や国や社会の要求をあげてみましたが、それらは、実際にはきわめて多種多様、いろいろ違ったニーズがあると思います。直接、物の生産に従事する第一次、第二次産業、広くサーヴィスを主とする第三次産業、さらに、その中でも、どういう部門の仕事に従事するか、それによって企業が皆さんに要求するものは、異なってくるでしょう。また、地方や国の公務、すなわちシヴィル・サーヴィス、市民への奉仕ですが、そこでも、様々なサーヴィスが求められています。かつての日本や共産主義諸国のように、全体主義のステレオ・タイプ人間、画一的人間を作る教育が求められているのではありません。

しかし、特定の型に入った、すぐに戦力になる職業人を、社会は必要としていることは、事実です。その意味で、手っ取り早く役に立つという目的の大学教育、すなわち、主として職業予備教育を行なう専門大学が、今日本各地で設立されています。外から見ても教育目的が解り易い大学であり、時代の要求に応じている、といえるかも知れません。

ただ、時代や社会の激しい変化、技術革新に対応し、変化や革新を自分の中にとり込んで、仕事ができる人間も必要でしょう。すなわち、一定の専門的知識や技術を持ちながら、自分の個性、資質、天分を活かす、応用能力のある人間とでもいえるでしょうか。そういう人物も企業や社会は求めているし、必要としているに違いありません。すなわち、企業も社会もすぐに役立つ専門人や技術者を必要としている、と同時に、幅広い豊かな教養と専門的基礎学問を身につけた、ジェネラリストも求めているのです。そのように、即戦力の専門人（スペシャリスト）と教養と基礎専門性をもったジェネラリストの育成という二つの要求に応え、さらに研究者の育成に対しても応えてきたのが本学です。皆さんは、入学後すぐに、そのような本学の幅広い教育について、ガイダンスを受けることになるでしょう。ところで、これまでお話してきたことは、今、皆さんが、また現実の社会が、大学教育に期待していることです。またそのような社会や皆さんの要求に対する本学の対応であります。それは要するに、本学もまた実際的・現実的になってきているということ、その意味で、本学もマルティ・ユニヴァーシティ、大衆化時代の一般総合大学に他なりません。

しかし、他方、大学は大学が失ってはいけない、目的・使命があります。それが、一人一人の人間がより人間らしくなるための人間形成、という課題であります。大学が皆さん一人一人の人間形成にいかに関わるかという課題です。つまり、大学も小・中・高等学校と同じように、大学には千差万別の、性格・思想・職業の違いをこえて、人間という共通次元での、人間形成という課題にとりくまねばならない使命があるのです。

本学は、それらのことを創立以来、百十余年、本学の特色と伝統として受け継いでおります。そしてその伝統は、一六世紀、今から約四五〇年前のヨーロッパにおける宗教改革以来の、伝統といってよいでしょう。

その時代、ルネッサンス・宗教改革といわれる時代ですが、ドイツの教師といわれたのが、フィリップ・メランヒトンです。かれは本学のルーツの一つである、宗教改革者M・ルターの友人でもありました。かれは、大学には真理と正義を探究し、発展させる課題が与えられているといいます。そして、人間の本質・生命、すなわち、人間の人格形成に関わる学問の大切さを訴えております。かれは、当時の、自然科学の最先端、コペルニクスの地動説にみられるような天文学の研究を奨励しました。それと同時に、自然科学に対しても、人文・社会科学に対しても、その研究の成果が「人類の共同の福祉に役立つように」(ad communem salutem generis humani)、と大学で学ぶ者のあり方を説いております。

そして、メランヒトンは大学におけるそういう人間形成のために、知識の獲得、判断力の形成と意志の育成を求めております。すなわち、人類の共同の福祉を求める人格の育成を訴えています。

さて、皆さんが、本学で学ぶ学問は、そのような知識の獲得と判断力の形成、意志の育成に役立つに違いありません。さらに、大学での友人は、友人それぞれが持っている、かけがえのない性格や資質によって、皆さんに大きな影響を与えるでしょう。それを、メランヒトンは、友人との「意見の交換、説教による交遊」(communicatio sermonis) といっております。

それらに加えて、本学においては、毎日の礼拝があります。そこでは、個人や特定の企業、国家だけに通用する真理・規範でなく、普遍的真理、むしろ普遍的規範・基準が問われます。礼拝は今日狭くなった地球人類に、通用すべき聖書の示す普遍的価値に、共に想いをいたす時でもあります。またその価値や基準によって一人一人が反省を与えられ、進むべき方向を示される時でもあります。

皆さんの、これからの本学における学び、大学生活を、どうか希望と期待を抱いてはじめてくださ い。メランヒトンも受け継いでいる、「大学以外に私の生活はない」というモットーのように、本学での学生生活に積極的に取り組んでください。皆さんの本学での学生生活に期待しつつ、わたしの告辞といたします。

（一九九八年度入学式告辞）

5　大学の教育

新入生の皆さん、東北学院創立一一三年、大学設置五〇周年という記念の年に皆さんが、東北学院大学に入学なさったことを喜び、心から歓迎いたします。

大学の教育は小学校から始まる学校教育十六年間の最後のものです。それだけに大学入学にあたって心の準備を必要としております。大学とは何をするところなのか、大学教育の目的は何かなどについて、ご一緒に考える時を持つことができるのは嬉しいことです。

大学は何をする所でしょうか。

大学の使命、課題、仕事、役割といってもいいかもしれません。大学側からいいますと、それには三つあります。

1　人類の文化、知的遺産を受け継いで伝えること、文化の継承と伝達

2　専門の仕事、各種の専門職あるいは総合的専門職に就くための準備・予備教育

3　研究者を育てる

という、この三つです。

これらの大学の三つの使命、役割を今度は皆さんの立場で一つにまとめて申します。大学という文字が示しているように大学は学ぶところです。今日は、この学ぶということをしっかり頭に入れていただきたいと思います。先程これまでの人類の文化の遺産を伝える、あるいは学ぶといいましたが、その量は多く質は奥深いものです。その文化遺産の最高のもの、もっとも普遍的なものを皆さんは本学で学ぶことになるのです。それが学ぶこと、スタディの第一です。

第二は、本学を卒業するすべての方、すなわち、皆さん一人ひとりが、専門の知識・技術を身につけることができます。将来どんな職業についてもプロフェション、専門職としてそれを行う、遂行することができるのです。皆さん一人ひとりが希望する専門職につくことができる知識・技術を東北学院大学で学んでください。本学で何を学んで、将来どんな仕事をするか、どんな専門職につくか既にはっきり解っている方にも、まだよく解っていない方にも本学は充分応えることができる総合大学です。それは数多くの学部、学科、専攻があるだけでなく、それらの枠を越えて広く学ぶことができるからです。

将来、皆さんがそれぞれの仕事、専門職を本当に生かすためには、幅広く深い教養が必要なのです。また専門教育の基礎が大切ということです。そうした教養、専門の基礎を養うことが大学での皆さんの最初の学びになります。

皆さんは既にそのような教養的科目を少し学んできました。しかし、それはほんの僅かです。もっと、もっと知り、学ばなくてはなりません。何故でしょうか。それは皆さんが人間であるからです。「人間とは教育をうけねばならない、教育されねばならない唯一の神によって造られた被造物である」と先人が言っている通りなのです。

そのように教育とか学ぶということに関連して、人間を他の動物から区別するいくつかの言葉があります。ホモ・エコノミクス（経済人）、ホモ・ファーベル（道具を作る人間、工作人）、ホモ・サピエンス（知性のある人、知恵のある人）などです。ここではホモ・サピエンスについて少し考えてみたいと思います。この言葉を皆さんは多分中学生の頃お聞きになったことでしょう。ホモ・サピエンスというのは、ギリシャの昔から使われている考え方です。ホモというのは人間という意味です。サピエンスというのは賢いとか知恵のあるということです。それゆえホモ・サピエンスというのは知恵のある人と日本語では訳されていますが、そんなに難しく訳さない方が私はよいと思います。サピエンスは、もともと、味わうとか味がわかるという意味の言葉です。すなわちホモ・サピエンスというのは「味のわかる人」、「味わう人」という意味なのです。ホモ・サピエンス、味がわかる人間というのは、もちろん、食べ物の味が、わかるということではありません。食べ物の味は少し好みは人間と違うでしょうが、人間以外の動物にもわかります。人間が味わう、味がわかるというのは、真、善、美の味がわかるということなのです。

真とは、真理の真です。
善とは、善悪の善です。
美とは、美術、芸術の美です。

他の動物とは違って、真、善、美について、味がわかる人間、ホモ・サピエンスになるためには、何としても学ばなければなりません。皆さんは、本学での学びによって、学ぶこと、知ることの喜びを感じるに違いありません。それだけに皆さんに是非お願いしたいのです。教室に出て、先生の話に耳を傾けてください。それによって得られる情報が学ぶことの喜びを与えてくれるからです。

次に、皆さんは善、何が善いことであり、何が悪いこと、何をしてはいけないかについても、これまで以上に、はっきりと知らなくてはなりません。あえて申しあげると、今日の一般の大学では、善について学ぶことが殆どなくなりました。今日の大学は善について教えなくなったのです。

ただし、本学は例外です。なぜなら、聖書の教える善悪は、人類共通の善悪のグローバル・スタンダード、地球的基準の善悪であるからです。善を学ぶことによって、皆さんは、本学が大学らしい本来の大学であることを確かめていくことになるでしょう。本学が単なる知識や技術だけでなく知識・技術が関わる真実な生、善・倫理的善を問題にする大学であることを誇りにしてください。さらに本学では、教養教育として芸術、スポーツを学ぶことになります。それらも人間として大切な教養の一面です。皆さんは音楽、絵画、スポーツがどんなに人間を動かし、人間に感動を与えるかということを知っておられます。それらに心を向け、時間を割き、更にそれらを深く味わうことの出来るのも学生の特権です。

最後にまとめて申します。学ぶことは、最終の目的としては、実は一つのものを目指しています。目標は他の誰でもなく皆さん一人ひとりなのです。それは皆さんが知識や技術を身につけた一人の人間としてどんな人間になるか、一人の自立した自主独立の個人になるという、学びの最終の目標と一つになっているのです。どんな人間になるかというそのことについて、本学はキリスト教の立場から普遍的な価値、考え方、生き方を皆さんに伝えることになるのです。

例えば、その一つは聖書の教える隣人愛です。具体的には自分を愛し、自分のために事をなすだけでなく、他の人々を愛し、他の人々のために心を開くこと、そして他のため、社会のために何かをしていくことです。そういうことを私を含めて私たち教職員と一緒に本学で、特に本学の礼拝で学ぶことになります。

どうか皆さんが、本学のもっている最良のものによって、本学で得られる友人によって、また課外活動を通して、長い人生の確かな基礎を築いて欲しいと思います。皆さんの入学後の学びと活躍を大いに期待して式辞といたします。

（一九九九年度入学式式辞）

⑥　個の確立

皆さん、東北学院大学および大学院への入学を心から歓迎いたします。

ご存知のように、本年から第三ミレニアム、第三の千年期に入りました。明年からは二一世紀になりますが、大学（universitas）というのは、九百年以上も前に出来たものです。したがって、大学は、過去の一千年間のすなわち、第二ミレニアムの最もすぐれた発明品の一つであると、一昨年スイスで行われた欧米学長会議は宣言しています。

ところで大学とは何でしょう。どんなところでしょうか。一言でそれを説明するとすれば、大学とは学ぶ社会・学ぶところ（learning community）であると先程の欧米学長会議は呼んでいます。それは当然の説明でしょう、学ぶということが大学における中心的な仕事、本分（core-business）なのですから。それでは何を学ぶのでしょうか。それは第一に人類がかつて発見し、獲得し、今世界の人々が共通のものとして分けあっている知識や技術を学ぶところです。

しかし、そのように、永年にわたって蓄積された知識・技術は、何もしないで私たちのものになることはありません。また誰かが、皆さんに代って受け継ぐということではありません。皆さん一人一人が個人としてそれを受け継いだり、そこに新しいもの見いだしたり、付け加えることができる知識であり技術です。すなわち、知識や技術を教えられ、知らされた一人ひとりが、更に考え、探究することによって、新しい知識・技術を生み出してゆくことになります。そのことは、外国語の学びをはじめ、教養教育科目の学びから専門教育科目の学びにまで、古い歴史の研究から先端技術の学びにまで当てはまることです。くり返し申しますが、大学とは学ぶ所・学ぶ社会です。それは、学ぶ教員と学ぶ学生によって存続し、発達し、新しく造り変えられてゆく社会です。

皆さんが、本学で提供される最良の知識・技術を、精一杯積極的に学習してくださることを心から願っています。

次に大学は、そこにおいて皆さん一人ひとりが人間として成長・飛躍がなされる所です。皆さんが独自の才能や賜物を確認してゆく人間形成の社会です。自分自身を人間として耕す場所、人間形成・教養の場、カルティヴェイトする、カルチャーする場です。つまり、大学は自己形成の場です。(Self-cultivating community ということができるでしょう。)

ところで、そのような人間形成・自己形成は、すでに申しましたように、まず知識・技術を受け継ぎ、発展させようとする学びによってなされます。またそのような大学の学びの生活によって生涯どこにおいても学ぶ人間としての基礎をつくることになるでしょう。とりわけ大学における人間形成が、友人・先輩との語らい、クラブ活動におけるさまざまな交流や、友情によってなされることは申すまでもありません。それは、その後の人生の貴重な宝となるでしょう。

皆さん、大学とは第一に学ぶ所・学ぶ社会、第二に自己の人間形成の場といいましたが、第三に大学は一人の人間としての社会的義務ないしは企業や地域社会さらに国家を越えて、人類社会にグローバルに通用する倫理を伝え、指し示し、証言する所でもあります。本学はこの第三の使命を大学の伝統として大切にしてきました。ますますグローバル化する二一世紀は、個人がこれまで以上に力を持ちうる世界です。一人の人間としての価値が尊ばれ、自由と平等の基本的権利が尊重される世界です。一人の人間が世界に向って容易にアクセスし、情報を発信することができます。個々人が目標を実現するために非営利団体を作って活動できる時代です。それだけに皆さんは、一個の人間としての自分を確立しなければなりません。その点で本学の精神的根拠であり、本学の目標である聖書の教えに注目したいと思います。

聖書は、「人間は自由で、神以外のだれからも支配されない、自立した個人として創られている」といいます。そのように一人ひとりの人間の尊さを、くり返し宣言しています。このことを第一に、しっかりとお伝えしたいと思います。

第二は、皆さんもよくご存知のことです。聖書は、そのような個人が他の個人に対して、「自分を愛するように隣り人を愛しなさいと」と隣人愛を説いています。この二つの考え方、価値観を本学で学び、また今後の人生での人間形成の中で生かしてくだされば幸いです。

皆さん、東北学院大学において自由にのびのびと精一杯ご自身を成長させてください。そのことをこころから願って告辞といたします。

（二〇〇〇年度入学式告辞）

7　自分探し

本日ここに、多数のご来賓をお迎えして、二〇〇一（平成一三）年度入学式を挙行するに当り、新入学生の皆さん、ならびにご家族ご関係の方々に、心からお慶び申し上げます。また、開学以来、一一五年の歴史を有する本学への入学を心から歓迎いたします。

皆さんがこれから学ぶ大学について、三つのことをお話したいと思います。

第一は、自分自身を知れ（グノーティ・セアウトン）、現代風に狭隘化していえば、自分を探せ、です。すなわち、大学は「自分探し」をする所です。また、皆さんは自分探しをしたいと思っているに違いありません。というのは、私たち人間は本来、自分の特徴、性格、知識、技能、体力、それらがどれだけか、どんなものなのか、とりわけ自分自身の生の意味や目的について、生涯それを問い、探し続けるように運命づけられているからです。また、人間は哲学者カントがいったように、教育されねばならないように造られているからです。

しかも、皆さんが求めている「自分探し」、それは本来、汝自身を知れ（グノーティ・セアウトン）

として古代ギリシャの神殿にかかげられていたものに通じています。そしてその言葉は、今から約二四〇〇年程前のヨーロッパ最古の大学といってよいプラトンのアカデメイア（アカデミー）の精神でもありました。すなわちアカデメイアと呼ばれた大学から今日まで、教育あるいは学ぶことの目的は自分を捜せ、汝自身を知れであります。それは皆さん一人ひとりの人格の完成、自立した一人の人間としての完成を目指すことです。大学はそのような人間形成のための重要な場所なのです。

第二に本学で学ぶ学問について、一言申し述べたいと思います。古代の大学アカデメイアの後、中世において今から八百年程前、今日の大学の原型がつくられました。その頃大学はいろいろな名前で呼ばれました。よく知られている名前は、ストウディウム・ゲネラーレ（ジェネラル・エデュケーション）とかウニヴェルシタース（ユニヴァーシティ）というものです。そして今日、普通に大学といえば、それはウニヴェルシタース（ユニヴァーシティ）であることは、皆さんもご存知でしょう。そのユニヴァーシティと呼ばれる大学は、長い歴史の変遷、社会の変化を貫いて、今日でもその原型を残して存在しています。特に英独仏をはじめ、ヨーロッパの主な大学とアメリカの著名な大学の多くはユニヴァーシティという元の形をとどめています。

それでは、そのようなユニヴァーシティと呼ばれる大学の主流をなしてきた大学の特色はなんでしょうか。

それは、先ほど申しましたように大学のもう一つの名前であったストゥディウム・ゲネラーレと呼ばれるものです。これは今日ジェネラル・エデュケーションと訳されていますが、もともとジェネラル・エデュケーションといえば、神と自然と人間、宇宙全体の研究・教育ということでした。つまり、大学（ユニヴァーシティ）の研究・教育の内容を意味していたのが、ジェネラル・エデュケーションだったのです。そして、その教育・研究の全体を分担していたのが、法学、医学そしてキリスト教神学の三つでありました。その法学、医学、神学の三学部を中心に神、自然、人間、社会、政治と宇宙全体について学ぶのがユニヴァーシティでありました。そうしますと、私たちの大学は、医学部こそありませんが、本学が法学とキリスト教神学を教え研究する部門を持っていることは、西欧中世にはじまったユニヴァーシティの本流に連なる教育・研究を継承していることを意味しています。さらに、今日、本学は、現代社会の需要に応える文・経・法・工・教の五学部とそれぞれの大学院博士課程を備えています。そういう意味で、本学は皆さんの広い学習、いろいろな可能性に応えうる教育・研究体制を整えています。皆さんの自分探しに期待しています。皆さん、それぞれの独自の才能、賜物、学びたいこと、それらを学問によって、大学での教師、友人、課外活動その他さまざまの経験によって明確に自覚し、実現してください。

最後、第三に、特に本学が皆さんに伝えたいものがございます。それは、皆さんが、本学で学ぶ学問と技術をはじめ、学生生活のすべてを生かす、ウィズダム＝知恵であります。それは本学の建学の精神、聖書が伝えるウィズダム、神の知恵としてのキリスト（コリントの信徒への手紙一、一章一七節）です。その教えは、本学での学生生活だけでなく、生涯の営みの燈火となり導きの光となるに違いありません。皆さんの大学生活が実り豊かなものになることを心から願って私の告辞といたします。

（二〇〇一年度入学式告辞）

8　個人の賜物

新入生の皆さん、本年創立以来一一六年を迎える東北学院大学への入学を心から歓迎いたします。

皆さんが、本学に入学なさった目的には、それぞれ、いろいろなものがあるに違いありません。しかし、何かを学び、何かを知ろうとするため、ということでは共通しているでしょう。そして、卒業後何かになろう、何かの職業に就こう、ということにも、共通性があるでしょう。それらは、学ぶこと、将来の職業の準備をすることということ二つの目的にまとめられます。しかし、もうひとつ皆さんには大学に入学した共通の目的があると思います。その第三の共通の目的というのは、哲学者の中の哲学者といわれる古代ギリシャのソクラテス以来、人間の共通の目的となっているものです。すなわち、汝自身を知れ（Gnothi seauton）、自分自身を知れ、くだけた言い方をすれば、自分探しという目的です。皆さんにとっては、「自分自身を知れ」よりも、「自分探し」という言葉が解かり易いかも知れません。

ところで、皆さんがこれから大学で知識・学問・技術を学び、また職業生活の準備をする、その二つのことは、皆さん一人ひとりが自分を知ること、自分探しと結びついているのではないでしょうか。すなわち、本学で学ぶ知識・学問・技術をとおして、皆さん自身の得意とするものを、専攻するものを深めたり、豊かにしたり、広めたりすることになるわけであります。そしてそのような学びは将来の職業に結びつき、将来何をするか、ということに関連しております。さらに皆さんは大学での友情、先生・友人との出逢い、課外活動などによってご自分の個性、特質が明らかになってくるのです。

本学の精神であります、聖書には次のようなことが記されています。「人はそれぞれ神から賜物――特別な能力・資質――をいただいているのですから、人によって生き方が違います」（コリントの信徒への手紙一、七章七節）というのです。この聖書の言葉は、先ほど申しましたように一人ひとりの個性とその能力、資質が生かされることの重要性を語っていると共に、改めて現代において、特に日本において必要とし、求められている生き方を示していると思います。その理由は、そのようなそれぞれの賜物の独自性を生きる生き方こそ最近五〇年間日本が求め続けてきたものであるからです。最近五〇年間の日本の歩みを特徴づけるものは、日本国憲法です。そこには、「すべての国民は、個人として尊重される」（第一一条）とか、「基本的人権は侵すことのできない永久の権利として与えられる」（第一三条）とあります。

こうした憲法の一人ひとりの人間の尊厳を尊重し、その一人ひとりの能力や資質に基づく、自由の権利、つまり基本的人権を重んじるというのは、その背景に、先程の聖書の言葉をみてもわかるように数千年の人類の歴史があるのです。決して五〇年前からの日本だけのことではありません。人間尊厳を尊重する言葉は皆さんもご存知の一八世紀後半、今から二百数十年程前のアメリカの独立宣言に記され、またフランス革命の権利宣言において記されたものです。独立宣言には、「人間が平等に創られているというのは、証明を必要としない自明の真理である」と語られています。

新入学生の皆さんはこの言葉を聞いて、それは違う、人間は平等ではない、と思われるかもしれません。なぜなら身体的能力（体力、スポーツ能力）において、知的芸術的能力において、道徳的能力において、私たちは一人ひとり全く違うからです。知的能力が高くても道徳的能力が高いとは必ずしもいえません。芸術的能力においては平等ではなく違いが著しいのです。しかし先程の二つの宣言が言っているのは能力が等しいのではなく、それぞれのDNAが違うように、それぞれ違った能力、資質、賜物を持っている人間一人ひとりが、人間として等しい価値をもっているというそのことの平等性であります。とりわけ、先程のアメリカとフランスの二つの宣言は基本的人権に関して一人ひとりは平等であるということを明確にした記念すべきモニュメントなのです。

そこで私はもう一度先程の本学の精神である聖書の言葉に帰りたいと思います。それは「人はそれぞれ神から賜物――すなわちカリスマといわれる能力、資質――を与えられているのですから、人によって生き方が違います」でありました。この聖書の言葉は、一人ひとりの能力は等しくない、不平等である、けれども人間としての価値は同じであるということを語っています。さらに生き方の違いを尊重するようにと語っています。

皆さん、アメリカの独立宣言は、そのような聖書の思想を受け継いでいます。この聖書の精神を除いて考えることのできないものなのです。今日もはや私たちはアメリカの独立宣言やフランス革命の宣言の流れにさからうことはできないでしょう。それだけに本学が皆さんに提供する最善のものを用いて自分探しをしてください。自らの個性を磨き、一人ひとりがそれぞれの道をしっかりと責任をもって歩んでください。大学四年間は長い人生の中で、真に短いものです。しかし自立した自らの人生をどのように生きるか、その基礎付けをし、人生の方向を見出すためにはかけがえのない大切な時です。

入学生の皆さんに対してそのように希望し、また本学での学びの努力の成果が得られることを期待して告辞とします。

（二〇〇二年度入学式告辞）

9　大学教育と礼拝

本日ここに二〇〇三（平成一五）年度東北学院大学入学式を本学後援会会長村松巖仙台商工会議所会頭をはじめ多数のご来賓、入学生の御父母およびその関係の方々と共に執り行うことは喜ばしい限りです。

新入生の皆さん、東北学院大学への入学を心から歓迎いたします。

本学は、今から一一七年前に、教養教育を主とする高等教育機関として設立されました。もっともはじめの数年間は、全くやむを得ない事情のために仙台神学校と称せざるを得ませんでした。幸い創立五年目に東北学院となり、念願の教養教育を主とするカレッジ、すなわち高等普通教育を主とする大学、リベラル・アーツ・カレッジになりました。日本の大学の制度もまた本学の学校としての規模も変わりましたが、本学の目指す教育の目的は今日に至るまで変わらずに続いています。また、本学の目指す教育が、創立以来地元を中心にして主として関東以北に受け入れられ、数多くの人々が学んでいます。同窓生も一三万人を超えて全世界で活躍しています。

皆さんがご存知のように本学が目指す教育は三つあります。第一は、キリスト教を中心とした教養教育ないし人格教育。第二は専門教育。第三は研究者を含む専門職教育、高度専門職教育です。

本日は、主として本学の特色、本学の個性である教養教育についてお話したいと思います。教養は英語ではカルチャーといいます。そしてカルチャーには文化という意味もあります。しかし、同時に人間を培う・耕作すること、すなわち人間形成とか人格形成という意味があります。本学はキリスト教に基づいて人間を形成する教養や文化のために、何をしているかといえば、礼拝とキリスト教学の授業を行っています。それではなぜ大学で礼拝がなされキリスト教学があるのでしょう。その問いに対して第一に言わねばならないのは大学の歴史を見るとおわかりのように、大学は礼拝やキリスト教学とは不可分の関係であったということです。ユニヴァーシティと呼ばれる大学は一二世紀の終わりにヨーロッパにおいて始まり、八〇〇年以上の歴史を持つものです。その大学の歴史の本流に立っている大学は、礼拝を行いキリスト教学を行ってきました。なぜ、これらの大学では礼拝を守ってきたのでしょうか。それは、これら欧米の代表的大学が目指している目的、建学の精神と密接に関係しております。

ところで皆さんもご存知のように、普通には大学における人間形成は、サイエンス――学問、科学――についての教育と研究によってなされます。すなわち、人文科学、社会科学、自然科学、芸術、その他フィジカル・サイエンスいわゆる体育科学などによってなされます。サイエンスによって人間が形成され、培われ、耕される、すなわち、カルチャーされるということが大学である、と一般には考えられております。しかし、ユニヴァーシティといわれる大学の歴史の本流にある大学は、カルチャー（人間形成・教養）をそのように考えただけではありませんでした。カルチャーという言葉の由来を調べてみますと、カルチャーの語源、カルト（クルトス）これには礼拝という意味があるのです。そこで、カルチャーを重んじる大学は大学で礼拝をしてきたということができるのです。大学の歴史の本流にある大学の象徴が礼拝であったということができます。もっとも学問と礼拝、あるいはキリスト教学による（カルチャー）人間形成、教養を求めている大学は日本では多くありません。しかし、著名な欧米の大学は礼拝を重んじています。本学の立場から見ますと、世界の大学ユニヴァーシティの本流、世界の大学・文化の本流で、はばたくことを志すものにとって礼拝は欠かせることができないのです。

それでは大学ではどんな礼拝がなされるべきでしょうか。「なすべき礼拝」（ローマの信徒への手紙一二章一節）という言葉が聖書にあります。そのもとの言葉は、ロギケー・ラトレイア、英訳聖書が訳しているように、reasonable service という意味です。すなわち私たちの大学の礼拝は、理性的な礼拝であり、反理性的・非理性的すなわち、大学で学ぶ学問、科学に反する礼拝であってはなりません。しかし、宗教的礼拝として理性を超えるようなもの、すなわち、学問を超える超理性的なものを持っていなければなりません。

一つの例を申しましょう。日本の教育の基本に関わる教育基本法に個人の尊厳、人格の完成ということが記されています。能力が違い、好みが違うのになぜ人間は一人ひとり同じように尊いのかということは、残念ながら理屈では説明できません。その理由はアメリカの独立宣言が明らかにしたように、また日本の法学者も言うように、宗教的な根拠によっているのです。「創造者たる神によって同じ権利が与えられている」とアメリカの独立宣言がいっている通りです。そして今日では、皆さんもご存知のように人間は能力も違い、生き方も違うが一人ひとりは全く同じように尊い、あるいは同じように尊い人格を傷つけることは許されないということが、日本においても他の諸国においてもグローバルに認められた価値になっています。それにも拘わらず、誰一人それがまだ完全に身についていないのです。自分のものになっていないのです。

礼拝あるいはキリスト教の意味というのは、能力、資質、賜物は違うけれども、同じ人間として神に創られていることを繰り返し理解し、また反省することにあります。それぞれ同じように尊い賜物が与えられ、一人ひとり生き方が違うこと、自分の生き方を見つけだそうということに、自分探しを支えている思想があるのです。そのように大学の礼拝は自分探しに一つの励ましを与えます。そのことも礼拝の一つの意味であります。

次に本学の教育の第二は、大学教育の中心である、学部学科の教育です。それぞれの学部の教育は専門の知識や技術を教えてくれます。先頃ノーベル物理学賞を受賞した小柴昌俊さんは「自分はここまでは知っているけれどもこの先は解らない」ということを自覚していることが大切である、といっています。幅広く、深く、学ぶこと、つまり大学の教養・専門教育のメリットは学びを進めたり続けることの原動力になるためのものです。大学入学後は勿論、人間の本質である学ぶということにとって大切なのが、大学教育の目的の第一である教養教育です。第二に公務員やあらゆる企業の社員となるための基礎教育が学部の専門教育であるといえるでしょう。そして大学教育の目的の第三に高度専門職教育があります。研究者、工業技術士、弁護士、公認会計士、税理士、芸術家、牧師など皆さんの希望するあらゆる高度専門職につく可能性を、本学は大学院や来年四月開学予定の法科大学院によって提供します。

新入学生の皆さん、これからの本学での学び、学生生活、また課外活動、友人との交わりによって、一人ひとりの個性が一層輝き、皆さんの次の人生への大切なステップ、生涯の歩みの重要なステップとなることを心から願い期待して告辞といたします。

（二〇〇三年度入学式告辞）

10　働くことの意味

Ⅰ　はじめに、感謝

本日ここにご来賓、多数の卒業生のご父母・関係の方々および、諸先生、職員の方がたと共に、卒業証書ならびに学位記授与式を執り行うことができるのは喜ばしい限りです。小学校以来のすべての学業生活をめでたく終えることになった卒業生諸君に心からおめでとうと申しあげます。長い学業生活を終え、実社会に出ようとする皆さんは、さまざまな思いを抱いておられるに違いありません。これまでの苦労、忍耐と共に、将来への展望、希望に胸をふくらませておられることでしょう。皆さんのその喜び、回願や希望の中に感謝の念がふくまれていることと思います。父母・家族の方がた、友人、教師、その他目に見えるもの、見えないものへの感謝です。

古代ギリシャの昔から喜びは感謝と一体でした。すなわち、カラ（喜び）は、エウカリスティア（感謝）と語源が一つになっております。聖書は、「絶えず、どんなことにも感謝せよ」と述べております。今、皆さんは、一六年間あるいはそれ以上の年月の感謝について思いを馳せる所に立っております。

Ⅱ　働くこと、職業の意味

a　働くことの尊さ

さて、大学の卒業は、自主独立の時でもあります。かりに経済的にそれが充分に可能でないとしても、職業人として、家庭で働くものとして、職業人への準備の時として、あるいは一人の人間として、これからは学生時代とは、異なる自主独立が求められます。人間の自主独立を求め、それを、可能とする職業について、必ずしも就職しなくても、働くということそれ自体について、社会の中の一人の人間ということについて、私たちの大学が属するキリスト教は特別な貢献をしました。

そもそもキリスト教は、時々日本の新聞が誤解をして報道するように労働・働くことは神の刑罰、とは考えませんでした。むしろ新約聖書が教えているように、働くこと、勤勉を奨励しました。ただで飲み食いせず、「働きたくない者は、食べてはならない」（テサロニケの信徒への手紙二、三・一〇）、「働かざる者、食うべからず」という聖書の言葉を大切にしました。これは日本人にもよく解る考え方と思います。例えば、江戸時代秋田に生まれ、八戸で活躍した安藤昌益は、「忘れられた思想家」とよばれていますが、第二次世界大戦後、特に私の学生の頃注目された社会思想家です。安藤昌益は、農民の立場から「不耕貪食」に反対しました。そして、「耕さざるもの食うべからず」といいました。福澤諭吉は都市市民の立場から「たとい千萬金の家に生まれた子供であっても、ぶらぶら暮らして衣食するのは道理に反する」と、いずれも労働の神聖さを説いております。僅かな例ですが、このような労働観が、アジアで最も早く近代化を果し、先進国となった日本人に共通した考えであったと思います。皆さんが学んだ東北学院大学は、聖書に由来し、日本の近代化の中でも受け入れられたような労働観、労働の神聖さを継承したプロテスタントの大学であります。

b　働くことによる自主独立と品位

聖書は更に続けています。「自分で働く」ことによって、「外部の人々に対して、人間としての品位を保ち、だれにも迷惑をかけないで済むでしょう」（テサロニケの信徒への手紙一、四・一二）と、働くことの目的が一個の人間として自主独立にあるといっております。これも日本人が大切にした思想であり、文化です。

考えてみますと、働くことによって自主独立する、独立して自由になるというのはある意味で当たり前のことです。しかし先程の聖書には、さらに働くことによって、一人の人間としての品位を得るというのです。品位とは立派さ、正直、誠実さ、という意味です。それもその人独自の個性的立派さ、誠実さという意味のようであります。今日どの職場、どの社会においても必要としているものが誠実な個性ではないでしょうか。単なる誠実、立派さではなくて、その人独特の個性をもった立派さ、誠実さ、それが「自分の仕事に励み、自分の手で働く」ことによってえられるであろう、と聖書はいっております。しかし働くことによって個性をもった誠実さをえる、といっても、直ぐ手に入れることはできません。それは生涯かけて一つ一つ、目に見えないものを積み重ねてゆくことの中で備わってくるもの、与えられるものです。

c　他のために

次に最後のものとして、現代、また将来の日本も世界も必要としていることに言及したいと思います。

聖書は「労苦して自分の手で正当な収入を得、困っている人々に分け与えるようにしなさい」（エフェソの信徒への手紙四・二八）と記しています。ここに、働くこと、職業の究極の目標が示されております。職業はまず自分と自分の属する家族のためであります。そして、私たちの働きや職業は殆どそれに尽きているように思われます。しかしそれで尽きてしまっているのでも、決してそれだけがすべてではありません。昨年の阪神大震災といった特別なケースでなくても、人間の社会は、職場も同様に、漠然とし形であれ、あるいははっきりとした形であれ、日々助けを必要としている社会であります。アメリカの二〇世紀を代表する思想家R・ニーバーは、「価値あることで自分一人で出来ることは何もない」（『アメリカ史のアイロニー』）といっております。さらに今日の高齢化社会という、社会構造自体を考えても、相互にヴォランタリの、あるいは職業による相互扶助を、必要としております。「自分の手で正当な収入を得て、困った人を助ける」というのは、直接には、寄付や献金のことを指しているのでしょう。しかし、この言葉の意味は「世間に知られるか知られないかを問わず、困った人々を自分の手で、あるいは働きでえたもので助けなさい」ということです。それはヴォランタリとかチャリティということです。チャリティこそ世界的・普遍的宗教を背景にしたすべての文化が、人類が継承すべきものとして説き勧めているグローバルな倫理であり、価値です。

Ⅲ　可能性に満ちた前途に向けて

最後に全体をまとめて申し上げます。働くことの尊さ、働くことにおける自分自身の品位・誠実さ、そして、自分と自分に属するものを超えて他の人々への愛・チャリティ、この三つのことは、単に働くことの意味だけでなく、人生そのものにも妥当することです。それゆえ、その三つのことについて明晰なコンセプトを持って、はっきりと自覚的な考えをもって現実の社会に出て行ってください。皆さんの前途は可能性に満ちたものです。困難にくじけず、それに立ち向かいご自分の目標に向かって進んでください。神の祝福を願いつつ、卒業に際しての餞の言葉といたします。

（一九九五年度卒業式告辞）

11　世界史の流れの中で

Ⅰ　はじめに

ご来賓、卒業生のご父母、ご関係の方々および本学教職員の方々と共に、卒業証書ならびに学位記授与式を持ちえますのは喜ばしい限りです。小学校以来の長い学業生活を終わり、実社会に出で立つ皆さんは、紛れもなく二一世紀を担い、そこで活躍されることになります。皆さん一人一人が、卒業に当たって抱いておられる希望と抱負を、大切にして歩み出して欲しいと願っております。

Ⅱ　世紀末の世界の流れ

さて、皆さんの大学時代のわが国は、環境問題や薬害、オカルト事件といった社会問題もさることながら、政治・経済の仕組みそのものが問われ、行政改革、規制緩和が、政治の最大の課題となっております。政治・経済のグローバリゼーションとか、強力な中央集権的国家に代わる市民社会の優先など、いろいろと提唱されております。私は、この傾向を政治や経済の問題としてでなく、文化や教育の問題としてとりあげてみたいと思います。国の監督や規制を緩くし、強制力を弱め、小さな政府を求めるのは、先進自由主義諸国の一つの傾向であります。それは個人の権利と確立を求めたり、国の内外のいろいろな社会集団の自由を求めたりするといった、歴史の流れを背景にしております。ソ連・東ヨーロッパ社会の崩壊を見ても解るように、中央集権的な、強大な国家の力による政治・経済・思想統制の国家は二一世紀の国家のモデルにはなりません。また欧米とは文化や歴史を異にする日本が、アメリカやEU（ヨーロッパ連合）をモデルとするのは難しいでしょう。それにも拘らず自由と平等を根底にした個人の権利とその上に立つ自由な社会集団というのは、先進自由主義諸国の新しい世紀の歴史的方向ではないかと思われます。

そこで私どもの問題ですが、そのようなものが二一世紀の歴史の方向であるとすれば、皆さんは、本学で得た自由と平等の精神の意味を折りに触れて顧みてほしいのです。

自由と平等を基礎とする人権ということで、一般には法による自由、法の前の平等といったことを考えるでしょう。しかし、私たちの大学は、法律や制度による自由や平等の前に、神によって与えられた自由や平等を語り、伝え、それを基礎にした人間形成を教育の目的としてきたのです。聖書は冒頭から、一人一人の人間の尊厳を語り、それを保障し人権を与えております。モーセの十戒を思いだしてください。殺すな、盗むな、と単純明解に、個人のからだと財産についての権利を保障しております。新約聖書に記されているキリストが語られた数多くの物語を思い出してください。そこでは、民族をこえ、階級をこえて、女性をふくめ一人一人の人間が同じように大切に扱われております。

ところで、先に申しましたように、二一世紀の日本の政治の仕組みや経済の枠組みは、一層国際化し自由主義化せざるをえないでしょう。それでは、国際的普遍性と日本の文化・思想の特殊性とは、どう調和されるのでしょうか。こと人権や個々の人間の自由や平等に関する限り、それは国境をこえ、普遍性を求め続けるであろうと思います。その意味で、わが国でも官尊民卑や男尊女卑ということが社会的習慣として存在するのはさらに難しくなるでしょう。

そこで、人権や平等や自由もよいが、それよりも他の人々との和、協調を大切にしたい、和をもって尊しとせよという主張も出てまいります。それではどのように、和を大切にすればよいか、このことに関連して、最後に私は本学の精神的伝統を想い起したく思います。

Ⅲ　本学の精神的伝統

私たちの大学の精神的伝統であるプロテスタンティズムは、五〇〇年も前に、法律以前の事柄、社会制度以前の基本的問題として、徹底して自由と平等を主張しました。（たしかに、かれらは五〇〇年も前のことですので当時の社会にあってその思想をどのように法にあらわし、制度化すればよいか知りませんでした。しかし、その思想が人類の歴史に何をもたらしたかは皆さんがよくご存知です。まず、ピューリタン革命の最も重要な思想になりました。そして、アメリカの独立宣言、建国へと受け継がれていったのです）。その私たちの大学の精神的伝統である自由と平等は、隣人への愛、しかも同じ市町村、同じ民族にとどまらない、すなわち地縁血縁をこえた他の人のために隣人への愛に、自由と平等を用いることを要求しております。

要するに、本学の精神的伝統によれば、他の人々との和、他の人々との協調の前に、そして協調と共に一個の人間の自由と平等があるのです。人権や自由や平等の前にまず和や協調があるのではありません。私どもの権利としての自由と平等と共に和と協調、すなわち、その自由と平等を他の人々のために用い役立てること、それが、本学の精神的伝統です。またそれが自由な価値多元の成熟したデモクラシー社会を国際的にも形成してゆくでしょう。

いずれにしても、皆さんは、そのような自由と平等と、民族をこえた、他の人々への奉仕、隣人愛というグローバルな価値を伝える大学で、自由闊達に学生時代を過ごされたのです。そのような東北学院大学で学ばれたことをどこにいっても誇りにしてください。東北学院大学という名前をかかげて進んでいってください。

皆さんのこれからの歩みのうえに神の御祝福を心から祈り告辞といたします。

（一九九六年度卒業式告辞）

12　変わらないもの

Ⅰ　はじめに

本日ここに、ご父母・ご関係の方々および本学教職員の方々と共に、卒業式をとり行うことのできるのは喜ばしい限りです。義務教育以来の学校生活を終えて、実社会に出ていかれる皆さんの上に、また社会人として働きながら、めでたくこの日を迎えられた方々に、心より神の祝福を祈ります。そして、卒業にあたり、卒業生の皆さんに、はなむけの言葉を述べることは、私の名誉であります。

まず、皆さんが、これからの人生を歩むことになる将来に目を向けてみたいと思います。その将来は、時にポスト・モダーン、近代後と呼ばれます。ポスト・モダーン、という言葉を聞くと、何か今までとは違った時代を考える方が多いかも知れません。しかし、事実はむしろ逆といってよいでしょう。というのは、モダーン・エージ、近代の、さらにその一番新しい時代としての、現代の諸問題がますますはっきりする、尖鋭化するのが、ポスト・モダーン、近代後、これからの時代であるからです。ここでは、そのように、今後もますます問題になってくる事柄について、ご一緒に考えてみたいと思います。

Ⅱ　自由と平等の追求

今日、旧ソ連、東ドイツ、東ヨーロッパ社会が、崩壊した後の世界の大半は、政治的自由としての民主主義、経済的自由としての市場原理を目指しています。社会全体のあり方としては、基本的人権に象徴されるように、男性に対する女性の公正な権利の主張をふくめて、自由主義諸国の考え方、価値観が、反対不可能な基準となって、世界を駆けめぐっております。そして、これらの政治的自由、経済的自由、基本的人権に関わる自由と平等の価値観に、わが国もまた、ゆり動かされております。むしろ自由と平等の価値観に基づく、政治・経済の仕組みや、そのような社会と、わが国との違う点が、日々激しく問われている、ということができるかも知れません。

ところで、そのような事柄が追求される社会において、私たち一人一人はどうなっているのでしょうか。というのは、一人一人の自由や平等が問われれば問われるほど、自立した個人として、自分の生活を営み、そして家庭や社会の共同生活を育成してゆくことができるか、という問題があるからです。基本的人権を基礎にした、自由と平等の、政治や経済の仕組みが、旨くできていくかどうかは、そのような自立・独立した個人のあり方にかかっているともいえるでしょう。

私たちのポスト・モダーンの、個人の自由と平等の上に立つ、民主主義社会にとっても、不朽の名著といわれる、アレクシス・ド・トクヴィルの『アメリカのデモクラシーについて』という書物があります（日本語では『アメリカ民主制論』とか『アメリカの民主政治』とも訳されています）。トクヴィルの指摘をまつまでもないのですが、そもそも人間は、自分と自分に属するものの、権利や利益を追求する、欲望を持っております。それゆえにまた、そうした個人主義の功利的・利己的なゆきすぎ、破壊性を防ぐための仕組み、仕掛けを私どもの社会は必要としております。しかし、破壊を防ぐための仕掛け、すなわち、政治的力（ちから）や法的規制以上に大切なのは、「行きすぎた利己的利益の追求に対して、それを浄め、抑制し、他の人間に対して適切な、よき関心を個々人が抱くこと」だとトクヴィルはいっております。

Ⅲ　普遍的価値の根源 —— 聖書

さらに、トクヴィルも、善悪の根本は、宗教だといっています。また彼は「アメリカ人の政治制度のうちの第一のもの」が、宗教（キリスト教）であるとさえいっております。それというのも、彼は個人の自由と平等の上に成り立つ、近代と近代以後の、自由な民主主義社会の根底に対する、宗教の価値を認めていたからです。ところで功利的・利己的個人主義は、現代だけでなく、今後の社会においても、私ども普通の人間が、いつも日常的に、自分自身の中で直面する問題です。それは人間の性（さが）、業（ごう）といってよいでしょう。

考えてみますと、私たちは、この問題に対して、トクヴィル以上の教えを皆さんと共に学んでまいりました。それが聖書の教えです。最後に、皆さんが在学中しばしば耳にした、聖書から、一、二の教えをもう一度、紹介したいと思います。

「おのおの自分のことばかりでなく、他人のことも考えなさい」

「友のために、自分の命を捨てること、これ以上の、大きな愛はない」

聖書は、現在の、また、これからの社会、そして新しい世紀を支える、道義的普遍的価値の根源です。皆さんは、その聖書のゆえに建てられた本学を、卒業されたのです。どうか、皆さんが習得された、学問・技術を、普遍的・道義的価値によって生かしつつ、本学で学んだことを誇りとし、支えとして、今後の生涯を歩んでください。

今一度、皆さんの前途に、祝福を祈り、私の告辞といたします。

（一九九七年度卒業式告辞）

13　地球倫理

本日ここに、ご来賓、卒業生のご父母およびその関係の方々、本学教職員の方々とともに卒業証書ならびに学位記授与式を執り行うことのできるのは喜ばしい限りです。皆さんは、大学院への進学者を除けば、小学校以来の学校生活を終えて実社会に入ることになります。

皆さんのこれからの人生、永い生涯の歩みからいえば、本日はまさにこれからの生涯への始めの日であります。人間は生涯教育されねばならない唯一の、神の被造物ということを、自覚的に受け止めるべき出発の日と、この日を受けとめることが適当かも知れません。そのような意味で、英語国民の一部においては、卒業式が始め、開始あるいは出初めの時と捉えられ卒業式をカメンスマント（開始の式、出初めの式）と呼んでいるのではないかと理解することが許されるでしょう。そして、皆さんが、本学で学んだものは、これからの生涯、永い人生の学びの基礎となるに違いありません。そうなることを願いまた期待し、東北学院大学を卒業なさったことをお喜び申しあげます。皆さんのこれからの歩みの上に神の祝福を願うものです。

そこで本日は皆さんが本学で学んだことの意味を振り返り、どうして本学で学んだことが、皆さんのこれからの人生の基礎になるのかについて、私の考えを述べてみたいと思います。

まず宗教と科学との関係です。今、二〇世紀の終わりにきて、宗教と科学との関係はこれから述べるようにいささか複雑です。一〇〇年前はそうではありませんでした。

一九世紀から二〇世紀に入る時は、理性とその所産である科学・技術は宗教をないものにし、葬りさるように見えました。理性と科学が宗教を駆逐すると思われました。

そして今、二〇世紀の後半に入って、科学・技術は動植物の遺伝子、人間の生命から宇宙空間まで、あらゆる分野に、自由に無制限に介入しています。その先端科学技術には細かく細分化された専門家が携わっています。その人たちは、人格的存在としての一個の人間について、国家・社会や人類の未来について必ずしも総合的・全体的な知識を持っているわけではありません。常に適切な倫理的判断ができるわけではありません。その結果、科学・技術がオールマイティになり、宗教化し、科学技術自体が小さな神々になっております。それが時に危険なカルト宗教とむすびついたりしています。要するに、科学・技術を行使する一人ひとりの人間に、科学・技術の目的とその介入の限界についての自覚が求められ、その自覚が不可欠になってきております。科学・技術は人間の理性のすぐれた賜物ですが、それ自身が目的ではなく、全能者、絶対者ではありません。それは人間に仕え、社会と人類に仕えるものでなければなりません。その点で、人類のすべての普遍的宗教が説いてきた個人倫理と社会倫理、自然との調和といったグローバルな共通倫理が発言権を持ち、注目され、責任を果すことが求められています。皆さんが本学で学んだ聖書も、そのようなグローバルな人類の倫理を提供していることを想い出していただきたいと思います。

そのグローバルな共通倫理あるいは地球倫理について、一九九三年アメリカのシカゴで発表された「地球倫理に関する声明」があります。その声明ではまず昨年五〇周年の記念を迎えた国連の「世界人権宣言」が確認されています。しかし、この世界人権宣言には、個々の人間の権利は記されているのですが、権利を守るための義務あるいは倫理は何も語られていないのです。そこで、個々の人間の不可侵の尊厳、他にゆずることのできない個人の自由、すべての人間の平等といった基本的人権を実現するための義務・倫理について宣言したのが一九九三年の「地球倫理に関する声明」です。そこには、基本的要求の第一として、「人間は誰でも人間らしく扱われなければならない」とあります。それは、聖書の中でもっとも有名な教えの現代版です。すなわち、この第一のすべての人間が「人間らしく扱われねばならない」という地球倫理は、新約聖書山上の説教の黄金律と同じものだとこの地球倫理宣言の起草者の一人（H・キュンク）はいっています。山上の説教の黄金律といわれるキリストの教えは、「人にしてもらいたいと思うことは何でも、あなたがたも人にしなさい」ということです（マタイによる福音書七章一二節）。

第二に地球倫理の宣言は、社会倫理またエコロジー・環境保全倫理として「殺してはならない」といいます。それは積極的には、生命への畏敬ということです。

第三に地球倫理の宣言は、社会的・政治的次元として「嘘をついてはならない」（偽証をするな）といっています。それは肯定的な言い方をすれば、「真実を語り、誠実に行動しなさい」ということでしょう。これらの地球倫理の基本的要求は、聖書の独占物ではありません。どの普遍的宗教も語ってきたものです。まさに地球倫理なのです。しかし、聖書を知っている私たちにとっては、これまで述べたような地球倫理、あるいは、倫理のグローバル・スタンダードは、山上の説教の黄金律「自分にして欲しいことは誰にもせよ」であり、モーセの十戒の「殺すなかれ」、すなわち生命への畏敬、「偽証するな、嘘をいうな」、すなわち誠実であれ、真実を語れ、であるということに纏められます。要するに皆さんが、活躍する二一世紀の世界においては、地球上の誰にも解り、誰にも大切な、単純なこうした地球倫理がますます要求されます。日本人である私どもも個人において、企業、組織、各種の公共機関、国家のあり方において、倫理のグローバル・スタンダードにこたえることが、いろいろ具体的に、求められていくことでしょう。そういう新しい世紀、そのような世界を前にしていささか困惑しているのが今日の日本だと私には思われます。聖書を通してすでに地球倫理に触れている皆さんの活躍を期待しております。どうかそれぞれの目標を目指して励んでください。

最後に今一度皆さんの前途に神の祝福を願い、私の告辞といたします。

（一九九八年度卒業式告辞）

14 人間の尊厳

本日ここに一九九九年度の卒業証書ならびに学位記授与式をご来賓、卒業生、大学院修了生のご父母およびご関係の方々、本学教職員の方々とともに執り行うことのできるのは喜ばしい限りです。心からおめでとうございますと申しあげます。

皆さんが、生活なさり活躍されるのは、まさに本年から始まった第三ミレニアム――第三の一千年期――であります。明後年からはじまる二一世紀です。それはどんな一千年であり、またどんな二一世紀なのでしょう。それについていろいろなことが語られ、書かれています。

確かなことは、過去一千年、あるいは、それ以前から人類が継承し・発展させてきた重要な知識、大切な考え方、価値観、それらはますます重要なもの、大切なものになっていくであろうということです。人間についての考え方に限定して申しますと、私たち一人ひとりは生まれも家庭環境も能力もそれぞれ違いますが、しかし、一人の人間として、同じ・平等の尊さ、自由を持っているという考え方、そういう価値観です。この価値観こそ人類が継承し、地球規模に広がってきたものであります。

二一世紀においても人類共通の最も大切なものでしょう。今日、どんな企業、社会、国家においても、そのような考え・価値観に反することを公然とおおっぴらに語ることも行うこともできません。職場の上司の部下に対する、男性の女性に対する差別用語も通用しません。むしろ、そのように人間に上下の区別のない、個人の尊厳と基本的人権が、さらに守られるような社会を私たちは創りあげねばなりません。

ところで、一人ひとりの人間が尊ばれる、平和で自由な社会を形成することがどんなに難しいものであるか、それを、私たちは二〇世紀において、いやという程経験してきました。第二次世界大戦中のわが国のいろいろな非人道的事件はもちろん、ヒトラーのユダヤ人大虐殺、それを上回るとされるスターリンの粛清、五年前に日本で起こったオウムのサリン事件、そこでは一瞬の内に五千人以上の被害者がでました。そうした人間の権力や才能が、悪魔と化した事件に事欠きません。戦争や特定の事件でなく、重要なのは、日常生活における人間と人間との関係でしょう。

先頃、新潟県柏崎市で、九年にわたる女性監禁事件がありました。加害者の逮捕の報を温泉宿で受けた県警本部長あるいは管区警察局長のことが報じられました。この警察の不祥事といわれる事件で問題なのは、県警の最高責任者たちが、監禁されて、人間としての自由な成長を禁じられていた女性の人間としての尊厳が傷つけられていたことに、驚くほど鈍感であったという事実です。マスコミはこの事件を警察の不祥事として扱い、そのことに多くの紙面をさきました。しかし、監禁された女性がどれほど人間としての尊厳を傷つけられ、基本的人権が侵害されたかについては、意外なほど問題にしなかったことに、マスコミの精神的空白を見たのは、私だけではないでしょう。

二〇世紀を代表する哲学者の一人といってよい、フランスのＪ・Ｐ・サルトルは「不気味な他人」とか、「地獄とは他人のことだ」といって、人間の中にある他人を無視する問題性を指摘しました。しかし、そのサルトルさえ、晩年には人間の連帯（ソリダリテ）、人間が、協力し力を合わせることの必要性を説いたことを、覚えておられる方もいらっしゃるのではないかと思います。

さらに注目すべきなのは、家族のほとんどが強制収容所で殺害されたにも拘らず、一人ひとりの人間としての尊さを主張し続けた、Ｅ・レヴィナスです。このロシア系ユダヤ人の書物は、最近日本でも翻訳されていますが、なぜ彼に注目するかといえば、皆さんが本学で学んだ聖書の言葉の、まさに現代における証人と思われるからです。それは皆さんがよくご存知の聖書の言葉、モーセの十戒の一つ「汝殺すなかれ」、という言葉に関するものです。彼はこの「殺すなかれ」という戒めによって、人間の尊さについてのプロテスタント的解釈とも一致することを語っているのです。プロテスタントとは、新教です。東北学院大学のキリスト教といってもよいでしょう。レヴィナスはあるプロテスタントの哲学者と同じ理解をしているのです。そのプロテスタントの哲学者というのは、エマヌエル・レヴィナスと同じイマヌエルという名をもったカントです。主として一八世紀の後半に活躍したドイツを代表する哲学者イマヌエル・カントは、人間の尊厳について、決定的ともいうべき言葉を残しました。それは、「自分自身の人格をも他の人格をも常に手段としてではなく目的として扱え」というものです。聖書の方がもっと単純率直に、人間の尊さについて語っています。「友のために、自分の命を捨てること、これ以上に大きな愛はない」と教えています。この聖書の教えに従ってカントは、人間は、そのために生命を捨てる程尊いもの、自分のために道具、手段にしてはいけない、目的にせよといったのです。

皆さんが活躍する二一世紀の社会では、便利さと効率と利益の追求がますます強く求められてゆくでしょう。それが近代化、グローバル化の一面です。しかし、それとともにエゴイズム、利己中心性、自分中心ということが一層露になるでしょう。それだけに、共通の利益、公共の利益（パブリック・ベナフィット）が何であるかを理解する知識、教養が大切です。そのためには皆さんが大学で学んだ知識、教養がきっと役に立つことでしょう。それとともに、日常生活の基本として聖書の教える隣人愛を大切にしてください。

皆さん、どこにあっても本学での学びを基本に、精一杯希望をもって歩んでください。皆さんの前途に神様の御祝福を心から祈ります。

（一九九九年度卒業式告辞）

15　民主主義の根底としての自由

本日ここに二〇〇〇年（平成一二年）度の、卒業証書・学位記授与式を執り行うに当たり、卒業生、大学院修了生の皆さん、ご家族の皆さんに心からお喜び申し上げます。

本日の卒業式は、本学においても二〇世紀最後の卒業式であります。これから皆さんが活躍される二一世紀は、どんな社会、どんな世紀なのでしょうか。

二一世紀はどんな世界かについての発言は、百家争鳴の感があります。私が思い出すのは、T・フライナーの言葉です。彼は、現代世界の問題として以下の三つのことをあげています。第一に経済の世界化（グローバリゼーション）、次に民族主義の激情による政治の局地化（ローカリゼーション）、政治の民族主義化といってよいかも知れません。第三は民主主義によって担われる人権の普遍化（ユニヴァーサリゼーション）です。フライナーは、経済の世界化、民族主義の局地化がもたらす混乱・無秩序に対抗するものとして民主主義によって担われる人権の普遍性をあげております。私たちはこの三つの他に、急速な生化学・情報技術の進歩、環境・生態系の破壊などを加えることもできるでしょう。

ただ今は、本学の建学の精神との関わりから、民主化と人権のみをとりあげてみたいと思います。その点について、一九世紀の終わりに、人権・法思想家のG・イェリネクは、「近代社会は、常に前へ前へと進む民主化の過程にある。この発展を喜んで迎えようと、あるいは、それを恐れようと、この歴史的な自然過程を長期間にわたって妨げる力は、この世には存在しえない」といいました。

民主化の進展とそれを妨げる力はこの世に存在しない、というイェリネクの言葉は、私たちによく知られた世界史的事件、言葉を想い起こさせます。その代表的なものは一七七六年のアメリカの独立宣言、それから十数年後のフランス革命の権利宣言です。これらは、民主主義の基礎としての自由と平等の基本的人権に関するものでした。この流れを受けて、A・リンカーンは皆さんがよくご存知の、あのゲティスバーグの演説を行ないました。「人民の、人民による、人民のための政治」と民主主義を語ったのです。

わが国は、ドイツ、イタリアと共に民主主義という点では後発です。それゆえ、第二次世界大戦後は、全体主義を清算することから始めねばなりませんでした。そのために三つの国はいずれも民主主義の基礎として、個人の尊厳と基本的人権の保障を戦後の憲法の基本的精神としました。特に、この点でドイツとイタリアの憲法は日本よりも徹底しているように思います。

次に、二〇年前のソ連・東ヨーロッパの全体主義国家の崩壊が考えられます。そして、今わが国では何が起こっているでしょうか。民主主義の活性化、官中心から民中心へという大キャンペーンです。この運動によって、バブルのはじけからの回復の必要性もあって、規制緩和、情報公開、男女雇用の機会均等、裁判における参審・陪審制などが導入されつつあります。そのように、最近のわが国二〇年の民主主義の進展は、自由と平等のバランス化、すなわち、基本的人権を社会的・政治的に保障し、制度化することになってきています。

ところで、これまで語ってきました二一世紀の世界とわが国を動かしている理念・思想、社会制度は、皆さんをふくめ一人ひとりの世界市民によって担われ、日常生活の中で、また社会生活のなかで現実のものとされなければなりません。すなわち、重要なことは、まず、自分自身と他の人格の尊重です。そして、公共の利益の創出と、相互の助け合いという三つの基本的生活態度によって、前述の理念と制度は社会の中で現実のものとなるでしょう。

他方、本学の建学の精神である聖書は、人の命は全世界よりも重い、どんな代価を払っても買うことはできないと人格の尊さを教えています。そして自分のことだけでなく、他人のことにも注意を払いなさい、と公共の利益、相互扶助への基本姿勢を記しています。これらは、主イエス・キリストが説いた、神への愛と、友のために自分の命を捨てること、これ以上に大きな愛はないという、隣人愛とに基づいているのです。

皆さんのこれからの人生にはいろいろな困難もあるでしょう。しかし、可能性に満ちています。本学での学びを基礎に、ご自分の賜物を生かして活躍してください。皆さんの上に神の御祝福を願い、私の告辞といたします。

（二〇〇〇年度卒業式告辞）

16 建学の精神

本日ここに多数の卒業生のご父母、関係の方々および本学の教職員の方々と共に、卒業証書ならびに学位記授与式を執り行うことのできるのは喜ばしい限りです。

卒業生の皆さん！　皆さんが大学生活を送ったこの時代の日本と世界を皆さんはどのように理解していらっしゃるでしょうか。甚だ一般的ですが、一言でいえば、日本はバブルの崩壊からの再建の時代です。世界については先進自由主義諸国の繁栄と発展途上国の貧しさ、東ヨーロッパ、中近東、アフリカの紛争、そして昨年九月一一日に起きたアメリカのテロ事件に示されているように、貧困と絶え間なく起こっている紛争とテロ事件が注目されます。それらは政治と経済の問題です。しかし、その根底にあるものは、平和と基本的な人間の生き方、基本的人権の問題ということができるのではないでしょうか。すなわち、今日本が直面している構造改革というのは、いろいろな企業や団体を組織したり、運営する際の自由の問題、規制緩和の問題です。それは基本的人権の一つである結社の自由の問題です。

そのようなことを日本国憲法によって表現しますと、「基本的人権は侵すことができない——不可侵の——永久の権利である」（憲法一一条）さらにまた「すべての国民は個人として尊重される。それは国の政治において最も尊重されねばならない」（同第一三条）。ということになります。ドイツでも、日本の憲法に相当する基本法において、「人間の尊厳を尊重し、かつ保護することはあらゆる国家権力の義務である」と記されています。

そのように、一人ひとりが、かけがえのない尊い存在であり、その基本的人権は侵すことができない権利であること、さらに、そのような国民に奉仕することが、国家の目的であるということが歴史の流れになっております。しかし、それゆえに個人の尊厳にしても、一人ひとりの自由の権利にしても、常に他の人の尊厳と権利を害わないで、いかに尊重するかという問題と課題に直面しているといわなければなりません。また、国家にしても侵してはならない人間の尊厳と、結社の自由をはじめ、さまざまな基本的人権をいかに平等に保障するか、という問題と課題の中にあります。このような自由と平等との調和、自由と平等とのバランスが、現代世界の普遍的な、グローバルな課題となっています。したがって、その問題と課題を大学として取り組む新しい大学が東北にもできはじめておりま す。

しかし皆さんは既に本学において、その問題と課題に取り組む基本精神や根本的な態度を学ばれたのではないでしょうか。本学は、プロテスタント（新教）の大学です。プロテスタントは、宗教改革によってはじまりました。近代の市民的自由とも関係した宗教改革の精神は、『民主主義の本質』の著者、A・D・リンゼイによれば、宗教改革者の一人M・ルターのパンフレット『キリスト者の自由』に明らかです。そこには、自由と平等を生かすものは何かが記されています。とりわけ個人個人の自由と平等とを両立させるもの、いいかえれば一人の社会人、自営業者、企業人、公務員として自由と平等を両立させる精神、生き方をあのルターの『キリスト者の自由』というパンフレットは伝えたのです。

まず、ルターはすべての人間は自由において平等だといいました。男性と女性を問わず、すべての人間は神の前で自由において平等である、とルターは宣言しました。ところがルターは、その自由はサーヴィス（奉仕）において具体的な目に見える形をとるというのです。奉仕への自由です。例えば、国を治める者、公務員は、国民に奉仕する者（サーヴァント）となるように、といいました。まさに彼はシヴィル・サーヴァント（公僕）の発案者といっていいでしょう。何よりもルターは日常生活で触れ合う隣人への奉仕を説きました。そのように、一人ひとりに与えられている平等な人間の自由を、他の人のために、社会のため、公の利益のために、あるいは人種や国を越えて、広く役に立つように用いなさいというのが、聖書の精神でもあります。

皆さん一人ひとりがご自身の賜物を大切にして目標に向かってください。皆さんが持っておられる賜物、能力の種類、資質は、それぞれ違います。しかし、その違いこそ重要であり大切なのです。一人ひとりのＤＮＡが違うように、皆さんの天分、資質――カリスマ――も違うのです。その皆さんが、周囲の人々に対して、社会に対して、何らかの形で奉仕する生き方をして欲しいと願っています。それが本学の精神でもあるからです。皆さんのこれからの人生の上に神の御祝福を祈り、告辞といたします。

（二〇〇一年度卒業式告辞）

17　自由と奉仕

本日ここに二〇〇二（平成一四）年度の卒業証書・学位記授与式を執り行なうことができますことは、喜ばしい限りです。

卒業生・大学院修了生の皆さん、またそのご家族の方々、心からおめでとうございます。

皆さんの多くは、それぞれの進む方向が決まっていることと思います。しかし就職など進む方向が決まっている方も、まだ決まっていない方も、それこそ自分の生涯の仕事であるという実感、あるいはその仕事に自分の生きる道があることに気づくまでには、まだ多くの年月を必要とするでしょう。ところで、これが自分の仕事だという生き甲斐を感じる仕事とはどういうものでしょうか。すなわち、そこに生の充実・満足、幸せを感じることができる仕事や生活とは、どういうことなのでしょうか。

自分の仕事の中に、また自分の生活に、充足感あるいは充実した気持ちを持つことができるとすれば、そこでは、自分の個性、一人ひとりの賜物に結びついた願い、意欲が生きているからではないでしょうか。すなわち、皆さんの仕事あるいは皆さんの生活と個性と意欲とが折り合ったところに生の充実・幸福感が与えられるのではないでしょうか。そして、それこそが、人生の幸せであり、また人生の目的といってもいいかもしれません。

しかし、人生の充足や目的達成は普通にはいつも与えられるものではなく、しばしば人生の最後に与えられるものかもしれません。普通一般には、そのような生の満足感・充足感は、日常生活の束の間のことではないかと思われます。大切なことは生の目標・生の充足への途上・過程（プロセス）ではないかと思います。それは、例えばＡ・ジードが獲物よりも狩猟が大事といっているとおりであると思います。

ところで、私共一人ひとりの個性・賜物が生かされるためには、何よりも私たちが自分の個性・賜物を明確にはっきりと捉え、意欲を持って自由に表明・発揮しなければなりません。それが私たちの幸せへの大切な第一歩です。この個性の自由な表明・発揮は、芸術についての考え、真理や正義にも関連しています。自由に個性を発揮することは、芸術的な好み、美的感覚に関しては大した問題を起こしませんが、自分の好みの真理や正義はしばしば暴走したり爆発したりします。しかし、いうまでもないことですが、個性の自由な発揮が、他の人の自由な個性の発揮を理由なしに妨害することになってはいけません。

皆さんもお読みになったかもしれませんが、明治の文豪夏目漱石が『私の個人主義』という主題で学習院でおこなった講演があります（一九一四〔大正三〕年）。次にその一部を現代訳で読んでみます。

「ご存知のとおりイギリスという国は大変自由を尊ぶ国であります（それほど自由を愛する国でありながら、またイギリスほど秩序の調った国はありません）。実をいうと私はイギリスを好みません。嫌いであるが、事実だからしかたなしに申し上げます。あれほど自由でそうしてあれほど秩序の行き届いた国はおそらく世界中にないでしょう。日本などはとうてい比較にもなりません。しかし彼らはただ自由なのではありません。自分の自由を愛するとともに、他の自由を尊敬するように、子供の時から社会的教育をきちんと受けているのです。だから彼らの自由の背後には、きっと義務という観念が伴っています。（「イギリスは各人の義務を果たすことを期待している」England expects every man to do his duty.　有名なネルソンがトラファルガー開戦の際に部下を励ました言葉は決して当座限りの意味のものではないのです。イギリス文化の実績と表裏して発達してきた深い根底を持った思想に違いないのです。今お話したとおり、義務の観念を離れない程度において、自由を愛しているようです。要するに義務の心を持っていない自由は本当の自由ではないと考えます。というのは、そうしたわがままな自由は決して社会を形成しえないからであります）」。

以上のような漱石の自由と義務ということから、私はドイツを代表する哲学者Ｉ・カントのことを思い出します。カントは自由と義務の間をもっとつきつめて考えていました。彼は、しなければならない故になしうる、といいました。私流に言えば、「しなければならない義務は自由になしうる」ということです。これは先ほどの漱石の結論の言葉によく似ているように思います。漱石の結論は「要するに義務の心を持っていない自由は本当の自由ではない」でありました。

とにかく私たちは自分が気に入り、自分が欲し、自分が望み、目標にし、考える真理・善・美、さらに生活スタイル、職業について自由に発言し、それらを自由に求めることが重要です。そのことによってのみ、それぞれが求める個性と折り会う仕事や生活を得ることができるのではないかと思います。しかしその自由は、同じ自由の権利を持っている他の人の自由と衝突するのです。

それゆえその衝突の折り合い、調整について漱石もカントも義務の観念、義務の心を忘れないで、そこから離れないで、といっているのです。

ところで、漱石やカントに比べて皆さんが本学で学んだ聖書の言葉はより深く現代世界がより必要としている言葉を伝えています。聖書は「兄弟たち、あなたがたは、自由を得るために召し出されたのです。ただ、この自由を、罪を犯させる機会とせずに、愛によって互いに仕えなさい」（ガラテヤの信徒への手紙五章一三節）と言っております。ここでは自由と義務ではなく、自由は奉仕と愛とに結びついているのです。

これからの皆さんには学生時代以上に独立した自由な人間としての生活が約束されています。他人の持っていない御自分の個性・賜物を自由に発展させて欲しいと思います。とはいえ、現実の社会は学生時代ほど自由ではないでしょう。それだけに個性を自由に発揮させるためには、しなければならない義務をしっかり受けとめる心が必要かもしれません。しかし義務だけで充分ではありません。職場の求める義務、社会の求める義務、家族の求める義務を生かす、豊かなもの、うるおいのあるものにすることが必要なのではないでしょうか。それが、自分とは違う個性・賜物を持った他の人への愛であり奉仕であると先ほどの聖書はいっているのです。

最後に皆さん、どうかご自分を大切にし、学生時代に培った賜物を自由に活かし伸ばして活躍してください。皆さんのお一人おひとりの前途に神の祝福を祈り、告辞とします。

（二〇〇二年度卒業式告辞）

18　聖書の教えを光として

本日ここに、ご来賓、ご父母の方々をお迎えして卒業式を執り行うことが出来ますのは、喜ばしい限りです。

卒業生の皆さん、ご卒業おめでとうございます。皆さんのほとんどは今日を限りに、一一八年の歴史と伝統を有する東北学院に別れを告げ、それぞれの道に進まれます。職業に就く方、職業に就くための準備をする方、学問を続ける方とさまざまでしょう。

今日私たちは、地球市民、世界市民として、共通の危機的諸問題に直面しており、共通の課題を持っております。それは着実に進んでいる地球規模の公害、環境汚染、環境破壊、地球温暖化です。さらに、テロ、絶え間のない地域紛争、発展途上国の貧困飢餓、先進諸国における高齢化、少子化などです。もとよりそれらの問題と課題は、国際機関や各国政府の問題であります。しかし、同時に皆さんも地球市民の一人としてまた国民の一人として、関心を持ち、何らかの責任を負うことが期待されております。それは今日を生きる一人の人間として、人間らしく生きるということに関係していることではないでしょうか。

今日において人間らしく生きるということはどういうことでしょうか。それは第一に皆さんが本学での学びを含めて、これまでの学びと積んだ経験を基に、さらに学ぶことを大切にすることではないでしょうか。具体的に言えば、皆さんが学んだ知識、技術が何のためであったか、何のための知識であり技術であるかを学ぶことです。すなわち、知識や技術が何のために、どのように役立つか、あるいはそれを用いる人間、自分自身はどう生きていくか、またどう生きているかについて、学ぶことです。そのために、折にふれて、いろいろな古典を読むこと、読書することが大切なことはいうまでもありません。

例えばドイツの児童文学者ミヒャエル・エンデの『モモ』という本が日本語に訳されています。モモは年齢も素性もわからない女性です。彼女は相手の話をじっと聞いて、相手に自分自身を発見させるのです。そして、町にやってきた時間泥棒を退治するのです。時間泥棒はよい暮らしのために時間を有効に使えるようにしてやると、子供や大人から、次々に時間を取り上げていたのです。人々は、自分のよい暮らしのために、有効に有効にと動いていくうちに、人間性を失い、心は貧しくなり、荒れ果て、町は砂漠のようになります。しかし、自分のためではなく、他のために時間を割いて生きているモモは、他の人々に本来の自分を取り戻させ、心を取り戻させることになりました。これは今日の私たちと時間の関係だけでなく、人間の基本的な生き方を教えているように思います。

自分のためにと、他の人隣人のためにというこの話は、皆さんが本学で折りに触れて耳にした聖書の言葉を思いおこさせないでしょうか。今日は、聖書の言葉によって自分の生き方、自分探しをした二人の人物をとりあげてみたいと思います。

一人は大正デモクラシーに深い関心を抱き、デモクラシーを吉野作造のように民本主義でなく、早くから民主主義と今日の言葉で語った有島武郎です。彼に「惜しみなく愛は奪う」という文章があります。彼は〈よりよい自分・人間、よりよい社会を望み、そのために努力する人間を動かすものは、愛である。愛は、私が自分自身になり切る生活へと促す、しかし、その愛は結局は自分のために、他人を手段にする、道具にする〉、というのです。それにもかかわらず、「人間生活における最も崇高な行為は、聖書のいう他を愛することである」ことを、有島も認めています。その上で彼は、愛は私の個性をはぐくむために外から、他の人から愛を奪い取ってくるものだ、というのです。

有島と対象的な文章を残した一人は、スイス・ベルン大学の総長、国際法学者であったカール・ヒルティ（Carl Hilty 1833-1909）です。彼の『幸福論』と『眠られぬ夜のために』という本は日本語に訳され、岩波文庫に入っています。『眠られぬ夜のために』は、一年三六五日、一日一章ずつ読むように記されています。実はヒルティも「人生において、人間が自己愛から解放されることが最も困難である」といっています（一部八月一四日）。その点は先の有島に似ているように思います。また、本学のルーツに関係する宗教改革者ルターも、自己愛については同じようなことを言っています。彼は「人間は自分自身の方に曲がっている」とさえ言っているのです。ところでヒルティは、先程紹介したように自己愛、エゴイズムから解放されることが、最も困難であるといいながら、最後に「愛はすべてに打ち勝つ」（Amor omnia vincit）（岩波文庫第二部訳による）というのです。

土樋キャンパス学生食堂の入り口には、「知識は人を高ぶらせるが、愛は造り上げる」（コリントの信徒への手紙一、八・一）という聖書の言葉が掲げられています。このように、聖書は人をつくり、社会を形成する原動力としての愛を語っています。それはアガペーといわれる神の愛です。その隣人愛といわれるアガペーは、皆さんが学んだ知識や技術を生かすものであることを聖書は約束し祝福し、語りかけています。皆さんのこれからの歩み、人生に神の祝福を祈ります。「アモール・オムニア・ヴィンキト」と申しあげ、告辞と致します。

（二〇〇三年度卒業式告辞）

四　新しい世紀に向かうキリスト教大学

——年頭所感——

1　新しい世紀に向かうキリスト教大学の意義

はじめに

二一世紀は時の経過のなかで自然にやってくる。しかし、われわれはそれを生涯における、また本学の歴史におけるかけがえのない一回限りの千年期（ミレニアム）の開始として受けとりたい。それは主イエス・キリストの年、西暦二〇〇〇年から同三〇〇〇年にいたる第三の千年期の開始という時の経過を自覚的に受けとる一つの態度である。それが歴史的存在としての人間の責務でもあろう。そしてその対応はキリスト教の本質との関わりから、恒常的改革という精神を内に持つと同時に、その改革の目標は人類に普遍的なものでなければならない。

本学のキリスト教

日本のキリスト教大学は、かつてキリスト教の伝道（ミッション）を使命とした外国人宣教師たち（ミッショナリズム）の経営するものであった。今日はキリスト教的価値を高等教育において伝達するという使命（ミッション）をもった大学として存在している。そして、その伝達する価値は人類に普遍的なものでなければならない。本学はそれを具体的に、寄付行為第三条と学則第一条において、今日風にいえばキリスト教による人間形成とうたっている。

キリスト教による人間形成という一般的表現を、簡単でなじみやすい標語、スクールモットーでいいかえている学校もある。特にプロテスタントの初等・中等教育においてはそうである。しかし、本学は小田忠夫、情野鉄雄両学長時代からそうしてこなかった。その理由は詳らかにしない。そもそも高等教育機関にそのような画一的教育標語はなじまないということもあったかも知れない。いずれにしても現時点で本学の過去と将来の卒業生・教職員を拘束するスクールモットーをかかげることには慎重な決断を必要とするであろう。

人間の尊厳・基本的人権と私学

スクール・モットーもさることながら、重要なことは、キリスト教人間観とそれにもとづく人間形成である。そして、それは、今日の日本において、また二一世紀の世界において特別な使命をもっているということについての確信である。その理由は人間の尊厳とその責任をキリスト教以上に明確にする思想や価値観を人類はもっていないからである。さらに、人間の尊厳を前提として基本的人権の上に成立する自由な価値多元のデモクラシー社会の形成は、万人祭司とピューリタニズム、アメリカの独立宣言の延長線上で捉えられる近代と同様に、近代以降（ポストモダーン）においても継承されるであろう。なぜならキリスト教人間観とそれに基づく基本的人権は、人類の歴史の目標といってよいからである。この歴史の流れに逆らうものは普遍的価値として承認されないのみかファシズムのそしりをまぬかれないであろう。

ところで、一九九八年は国連の人権宣言五〇周年記念の年である。わが国の最近半世紀はまさにこの国連人権宣言にそった憲法と教育基本法によって導かれようとしてきた。少なくともこれに反対することは歴史の流れに逆らうことであった。（その証拠がソ連・東欧社会の崩壊である）。しかし、わが国の政治・経済のしくみも教育の現状もこの思想や価値によって動かされているとはいいがたい。

わが国の問題はキリスト教的人間観からすると、神の前での人間の尊厳に基礎をおく基本的人権が集団主義であるということである。もっともその点では、先進自由主義諸国の個の自由が、自己の利益を追求する利己主義によってつねに危機をはらんでいることと対照的である、ということもできる。なお、国連の人権宣言は基本的人権の中に親の教育権、すなわち、子供の教育に対する親の教育優先権を認めている。その点で欧米諸国が公立学校に代る私立学校設立を慣習法や憲法で保証していることに、われわれ私学人は特に注目したい。またこれは、自立した個人の基本的人権とその第一次集団（家族）の国家に対する独自の価値の思想的・法的明確化でもある（わが国ではこの点がまだ欠落している。）

そのように、キリスト教的人間観とそれに基づく人間の尊厳と基本的人権の上に成立する社会形成は、二一世紀に向けて、一層その意義を普遍化していくであろう。それとともに、人間はその尊厳を自ら破壊する可能性をつねに有している。個人の自由と平等に基づくデモクラシー社会もたえず生成裡にあり、その完成はユートピアにすぎない。キリスト教的にいえば、完成される社会はわれわれ人間の業績によらない終末的課題である。目標をめざして努力することにわれわれの地上の歩みがあり、継続的に改革の努力をする力が与えられることが祝福なのである。

（「東北学院時報」一九九八年一月）

2　すぐれたキリスト教大学として

年頭に際して、思い願うことは、本学がキリスト教大学として充実発展することに尽きる。すぐれた、よい大学とキリスト教大学とは矛盾するものでないことは、国内外の多くの大学の例から明らかである。すぐれた、よいキリスト教大学となる方法、手段というものもある意味で明らかである。しかし、本学の現実にそれをいつ、どのようにして適合させ、またそれをいかに実現し、推し進めていくかということになると事柄は簡単でない。全学的協力体制、教職員の方々とのコミュニケーション、情報の共有からはじめていきたい。本年もなしうることから手をそめていきたい。

学長就任の挨拶の冒頭にも記したように、本学の改革のアルファとオーメガは、教職員にある。それはまず現教職員の協力と切磋琢磨に関わり、次に、これからの本学のための教職員の採用に関係している。本学の教員の研究費、国内外の学会出張、資料蒐集費は一定の基準に達しているといえるであろう。ただ大規模助成金、科研費の交付という点で少々努力が求められている。私大としての財源の特殊性、キリスト教大学としての特色をいかした適正規模のプロジェクトを明確にしつつ創出し、一定期間の目標をもった歩みを打ち出したいと考えている。科研費については、各人の努力にお委ねする他ない。しかし、学科、専攻あるいは関係研究分野での共同作業などが進むような環境・雰囲気作りは大学の仕事でもあろう。とりわけ、煩わしい科研費申請事務に対する援助など考えるべき余地があろう。

教職員の新採用については今二つのことを検討している。一つは公募制であり、次はキリスト者の採用である。前者は当該分野の研究者を広く求めることができるメリットがある。しかし、すぐれた研究者、しかも人柄、人物を含めて適正な研究・教育者を得られるかどうか。さらにキリスト者もしくは本学の建学の精神を理解した方を獲得しうるか、公募に際しての検討の課題がある。単に本学の建学の精神を理解しているだけでなく、キリスト者の採用ということが緊急の課題である。それは本学の個性化、特色のためだけでなく、そもそも本学は何のための高等教育機関であるかという建学の根本に関わっているからである。寄付行為第三条や学則第一条の内実を一層高めるために、キリスト者教職員の採用に向けて具体的方策を提案したいと思っている。

最後に、近未来と中・長期の本学のソフト、ハード面の計画について一言したい。ソフト面の第一は本学教養教育スタンダードの確立である。第二は大学院に関係しない先生方の研究環境の充実（大学院研究科創設）である。本学はキリスト教総合大学として従来同様キリスト教学を含むリベラル・アーツを重んじてゆかねばならない。しかし、同時にすぐれた研究それ自体とその研究に裏付けられた実学教育を、今日の高等教育機関は必要としている。それなしにはすぐれた総合大学にはなりえないのである。

ハード面では、土樋キャンパスの情報教育、国際会議を可能とする教場、研究所の統合（総合研究所棟）、大学院教室、自習室、建設中の学生サーヴィスを中心とした事務棟完成後の施設・設備の計画が緊急の課題である。その一つは工学部の教室の整備ということである。その他、現在提案している改革を継続させるとともに、近く公表する大学設置五〇周年記念事業を全学的協力の下で進めて行きたい、と思っている。

（「東北学院時報」一九九九年一月）

3　第三ミレニアムに向かう本学の思想的前提

二〇世紀を含めて過去一〇〇〇年をとおして培われてきた思想や価値観が、二〇世紀の後半に一つの結末に達したと解される。それをもたらしたものを二〇世紀の三大事件と称したい。そのような思想や価値観の終焉を集約した三大事件を年頭に当たって強く意識する。なぜならそれら三大事件は、わが国の大学教育はもとより教育そのものに対して根本的な変革をもたらしたからである。われわれはそのような基本的認識を根底として、第三ミレニアムの大学のあり方を考えていくべきであろう。

三大事件の第一は世界的規模での戦争（世界大戦）の終結である。それはまた、はからずもわが国の敗戦となって終わった。それによってわが国は新しい憲法と教育基本法を有することになった。教育の基本は個々の人間の尊厳に由来する人格の完成を目的とした。

そもそも個人の尊厳を認め、その自由と権利の平等を保護することが基本的人権であるが、それらの思想的起源・由来は過去の千年期の初め、一二、一三世紀以降生じた永い歴史的背景を有し、自然発生的に承認されてきたものではない。すなわちカトリックの悔悛制度、ルターの万人祭司観――神の前の単独者としての自由と平等――などの思想が、社会・国家の制度と結びついて明確に把握されてきたのが一八世紀以降といってよい。すなわち、ピューリタン革命、アメリカの独立宣言やフランスの権利宣言を経過してからである。わが国においては、アメリカの独立宣言を直輸入した福澤諭吉の『学問のすすめ』によってである。

しかし、自由と平等とは、常にアンビントなものとして存在する。ということは、社会制度、政治体制の問題としては、永遠の課題であり、それゆえ、そこに人類の不変の努力目標が置かれる理由でもある。また、自由な価値多元のデモクラシーといっても、その現実形態は不断に吟味されるべき課題で、どの社会・国家にも通用する具体的制度というものはありえないであろう。そうであればこそ、人間の尊厳と基本的人権の保障ということが世界史の流れとなり、グローバルな価値観となっているのである。

第二の事件は、今世紀の大半の期間世界史を動かし、遂には自滅した共産主義的機構である。この第二の事件は、聖書に出てくる異端的ミレニアム（千年王国説）の崩壊であるが、思想的には、第一の事件によって説明しうる。すなわち、ソ連・東欧の共産党独裁体制による基本的人権の諸自由の弾圧に対する反抗の結果としての崩壊でもあったのである。

第三の二〇世紀の世界史的事件は、一九世紀に勃興し二〇世紀の後半飛躍的に発展した近代の技術革新であり、それと自由主義によってもたされた国際化、情報化、さまざまな次元・分野におけるグローバリゼーションである。

過去千年の総括ともいうべきこれら二〇世紀の三大世界史的事件は、わが国の私立大学の現在と将来のあり方に根本的な変革をもたらしたことを銘記して、今後の本学のあり方を検討していかねばならないであろう。

第一は本学の教養教育の特色・独自性に関わる人格形成の改革である。本学の独自性とはいうまでもなく、本法人の寄附行為に基づいて、学則第一条に謳う「キリスト教による人格教育」である。その教育は今日、キリスト教による個の尊厳と基本的人権に基づく自立した個の確立を目指しているといいかえてもよいであろう。そのような目標によって国家主義や集団主義から開放され、隣人と世界へ向かって開かれであろう。しかし、同時にキリスト教の人格教育は、キリスト教がギリシャ・ローマの文化を受け入れ、それらを積極的に活用していったように、様々な文化との対話を促し、それらを深い次元で活性化するであろう。また、それを可能とするのが隣人愛である。すなわち、今日のキリスト教は、「神の似像としての人間の創造」に基づく個の尊厳とキリストの「十字架の犠牲・贖罪愛」に基づく隣人愛を、例えば価値多元の自由なデモクラシー社会の中で、また高齢化社会の中で、厳しい選択の岐路に立っている生命倫理の中で、明快に、また受容可能な言葉で伝えて行かねばならないであろう。この第一の改革は、本学の建学の精神という考え（心）、価値に関する価値合理性の問題である。したがってキリスト教に関わる人々を中心に、しかし、開かれた論議を積極的に進めていってほしい。

第二は、前者が主として価値合理性の問題であるのに対して、主として目的合理性に関わる改革である。この点での改革は学部教育から大学院まで、入試から就職まで、ソフト、ハードの両面についてのよき伝統の継承と大胆な改革でなければならない。この第二の改革を推進する重要なキーワードは、正統性、現代社会とそのニーズであり、そして独立採算・非営利法人（私立大学）ということである。

現代社会はボーダレスの情報社会であり、情報社会とは自由な評価と公開の責任が常に問われているグローバルな規模での自由・競争の社会ということである。これらの原理は教育、研究、学生サービス、管理・運営すべてに妥当する。したがって、そのような角度からの自己点検・評価と不断の改革を不可避としている。

具体的で、明らかな効果が判然とする改革は学部学科の名称変更や改組である。その対象となるのは、実体が名称とずれているとか不透明であるといった学部学科に限らない。検討の対象は、年々受験者が減少している学部学科にも及ぶ。その場合は現代社会のニーズに充分に応えていないのではないかという点検もなされうる。これらのいわば消極的な改革の理由に対して、より積極的な理由がある。それは、名称変更や改組によって、よりよく現代社会のニーズに対応するだけでなく、積極的に学習意欲を呼び起こし、受験者を取り込もうとする改革なしには、私大の明日はないからである。そういう現実の中にあることを認識し、右のようなことが改革の理由になるとすれば、情報、経営、マーケティング、環境などの名称を積極的に取り入れることが充分に可能な学部学科を本学は有していることに気づくのである。とりわけ情報科学は、初等中等の情報教育の充実と社会の普及度を考えると、経済学部、工学部、教養学部改革の軸になるであろう。

さらに、ボーダレス社会への対応ということでは、既存の学部を越えた学部学科への改組も視野に入ってくる。すなわち、社会科学系全体、工学部と教養学部の情報・環境系がそれである。とりわけ受験者数と入学定員との関わりからすると、競争力の強い教養学部と弱い工学部の改組・転換が重要な課題として眼前にあるといわねばならない。

大学院の改革は、学術研究とビジネス・スクール、生涯学習という三つの選択肢の中で考えられる。多く望まれているのは、修士号などの資格取得を目指すビジネス・スクールである。それを承知の上で、いかに学術研究の充実を図るかということになるであろう。それには、その道の多数の専門家に参加を願うということも考えられる。

本学は今、第三ミレニアムの年頭に立ち、改革への基礎準備を整え、次の前進を全学的に模索し、構想すべき時に立ち至っている。全学的な論議を期待している。

（「東北学院時報」二〇〇〇年一、二月）

4　福音を恥とせず、常に改革される大学

新世紀の年頭にあたり、謹んで新年のお慶びを申し上げます。二一世紀を迎え思い願うことは、基本理念に立ち返り、本学が充実発展することに尽きます。

基本理念――二一世紀の未来を導く二つの言葉――

本学のルーツを辿ると、よく知られた次のような言葉に出会います。一つは、「福音を恥とせず」（ローマの信徒への手紙一章一六節）というシュネーダー院長が引用した聖書の言葉です。今一つは、宗教改革プロテスタントの伝統の中でよく用いられる「常に改革される教会」という言葉です。短くコメントします。

第一の「福音（聖書、キリスト教）を恥としない」というのは、建学の精神・キリスト教を恥としない、敬遠しないということです。そのようなことがあれば、本学を解散しなさい、とまでシュネー

ダー院長は言い遺しました。建学の精神を堅持していかなければなりません。

第二の「常に改革される教会」に対するコメントです。教会が常に改革されるべきであるなら、知的集団であるべき大学は、なおさら常に改革されなければなりません。そしてまた「常に改革される大学」でなければ、今日の大学は生き残れないでしょう。

この二つの言葉（モットー）、「福音（キリスト教）を恥とせず、常に改革される大学」であること、これが本学の伝統から直接・間接に学ぶ本学に掲げるべき理念・方針です。また、二一世紀を導く言葉でもあります。

二つの理念の根拠

Ⅰ　変わるべきでないもの

本学の建学の精神がキリスト教であり、それは変わるべきでないということは、当然のこと、自明のことであります。しかし、その理由を説明なしにすませることはできません。その理由は二つあります。第一は形式的、法的理由です。本学の設立・形状母体である学校法人が、各レベルの教育機関を設立するとき「キリスト教による徳育を施すため」と掲げ、それが公的に承認されたからです。前述のシュネーダー院長の「キリスト教をやめるなら学校をやめなさい」という言葉は、その点から考えても当然のことといえるでしょう。

次の理由はもっと理念的、思想的なものです。今日の流行にならっていえば、本学の建学の精神を他の人にも解かるように説明するアカウンタビリティに関する問題です。キリスト教は歴史的に見ても常々その時代の、またその置かれた場所の文化と対話し、キリスト教は何であるかを説明する責任を果たしてきた開かれた宗教でありました。

二一世紀におけるキリスト教の意味はどこにあるのでしょうか。勿論それは宗教そのものにあります。しかし、それだけの説明は限られた人にしか通用しません。宗教的意味に加えて今日の諸価値との対話、折衝が必要です。ちょうど新約聖書で、使徒パウロをはじめとして他の使徒たちがしているように（ヨハネ福音書一章一節以下、コリントの信徒への手紙一、一章一八節以下）弁明・説明の責任があるのです。二一世紀においてもますます重要な意味を持ってくるであろう価値観との対話をしなければなりません。そのような価値の一つとして人権があります。人権の発展の歴史として何時も誰によっても挙げられるのは、人身保護法（一六七九年）、権利章典（一六八九年）、アメリカ独立宣言（一七七六年）、フランス革命の権利宣言（一七八九年）です。しかし何故人権が尊重されねばならないか。その理由は、人間がそれだけの価値・尊厳があるからです。キリスト教によれば、すべての人間が神の似像として創造された（創世記一章二六節―二八節）ということが人間の尊厳の根拠であり、それは全人類に関わる創造の恵みです（創世記九章六節、詩八章六節）。

また、主イエスにおいてはすべての人間が神の子であり、一人の小さいものも神の愛の対象と捉えられていました（マタイ一八章六節、一四節）。そして主イエスの愛の目的ともされたことが、人間の尊厳の根拠です（マタイ二〇章二八節）。

このような人間の尊厳（価値）のゆえに、その尊厳を守り、保障するものとして人権が存在するのです。そのような人間の価値・尊厳の前提のない人権論は、理論的根拠を持たない人権論である、といってよいでしょう。ただし、右の創造と救いが人間の尊厳を証明する根拠となるということは、キリスト教信仰にとってのみ認められることです（M・ホーネーカー、W・フーバー）。

キリスト教以外では、根拠の提示なしに人権と自由と平等が語られています。アメリカの独立宣言（一七七六年）もフランスの権利宣言（一七八九年）も前者を輸入した福澤諭吉の『学問のすすめ』（一八七二年）にしても、平等の根拠としては、「造られ」、「出生し、生存する」だけです。ただし、アメリカ独立宣言の「造られ」は、明らかに聖書に従って、神の創造を意味しており、さらには「創造者によって天賦の権利が付与され、そのなかに生命、自由および幸福の追求がふくまれ……」とあります。そして、これらの人権論は近代社会の普遍的価値であり、二一世紀も一層グローバル化するでしょう。

他方、ギリシャ・ローマのストア哲学による人間の尊厳の根拠は、人間が理性的存在であることですが、そこでは、個人差のある心や悟性（ヌース）、を前提にしています。即ち理性的存在といっても人間の諸能力にはいろいろ違いがあるので、理性的存在としての人間に根拠を置いても、差別を生み出すことはあっても、平等な尊厳を創出することはできないでしょう。それゆえ、法学者も「人間の本質的な平等は、ギリシャのストアに始まり、神の前においては万人が平等であることを説いたイエス・キリストの教えによって確固とした理論的基礎をえたと見られる」と、神による人間の創造に基づいて神の子の平等を説いた主イエスを持ち出さざるをえませんでした（星野英一『民法のすすめ』岩波新書）。

ともあれ、人権は、人間の尊厳の平等を前提にしてはじめて思想的根拠づけが充分なものとなります。その点から、フランス革命の権利宣言は、意図的に宗教を脱落させた結果の舌足らずな宣言といわざるをえません。いずれにしても、ルターによれば、人間が神の似像として造られたという創造次元における人間の尊厳ないしは神の愛とその保障が人権で、その人権を前提にし、またその権利を獲得することを保障しているのが、十戒の後半――実定法の基礎――ということになります（拙著『ルター神学の再検討』一八二、三頁）。

Ⅱ　常に変わるべきもの

大学で営まれる研究の対象、研究の方法は常に変ります。仮に研究の対象が変らない場合でも、研究の方法は変ります。社会科学や自然科学の場合は、一般的にその研究の対象・方法は一層変化の烈しいものでしょう。
大学の教育対象である学生、研究や教育の成果を求める社会・世界は烈しく変わっています。それらのニーズの変化に対応しない大学は生き残れないことは明らかです。改革・変化しない大学は消滅するでしょう。ドイツの新聞によれば、本学の協定校の一つであるヴィースバーデン大学は、これまでの名称「物理・工学専門大学」を「コンピュータ・工科大学」と改称することになったということです。それは情報工学を根底にした実業専門大学として再編成することを一層鮮明にした改称でしょう。

本学が、建学の精神をそれぞれの時代に明確に語ることにおいて堅く立つことができるなら、同時に、時代に応える改革を、大胆に遂行していくことができるでしょう。また、本学が目指す具体的大学像、それに向かって改革を進める方向は、常に明確でなければならないと思います。その方向を、まず消極的にそうなってはならない二つの方向から述べてみたいと思います。一つは、研究大学、大学院大学の方向です。今一つは、特定の専門職への職業予備教育に専念する実業専門大学の道です。これら二つの方向は、本学全体が目指すものではありません。

確かに大学は研究なくしてすぐれた教育は不可能です。ですから、一学部に何人かの世界に通用する研究者を採用したいものです。しかし、本学が全体として、研究大学、大学院大学となってはなりません。なぜなら、本学はそのために建てられた大学ではないからです。また、本学百数十年の歴史もそのように歩んできませんでした。二一世紀は、ますます成熟した高学歴・高齢化社会となるでしょう。新しい知識と技術を求め続ける生涯学習の時代でもあります。とりわけ、本学は仙台圏の自営業、企業家の同窓生を多数擁しています。高度専門職の養成、企業後継者の育成、さらに一般社会人のリカレント教育などをターゲットとする大学院の一層の充実は重要な課題です。それも総合大学に相応しい複合的なものが望まれます。

本学は、特定の専門職への職業予備教育を大学全体としては望んでいないといいました。しかし、本学は全国的に就職率の高さで知られています。その点で決して後退があってはなりません。その点での学生と社会のニーズにさらに応える大学でありたいものです。そのために従来の就職講座、工業技術士、公務員をはじめ各種資格取得のための講義や講習にも留意しなければならないでしょう。二一世紀は、卒業大学名よりも、世界的に通用する情報技術と英語コミュニケーション能力証明が就職の基本条件となるでしょう。そのために必ずしも特定の専門職と結びつかないが、あらゆる専門職のためのグローバルな基礎としてのＩＴと英語コミュニケーション教育を大学全体として、さらに充実させていきたいというのが、「学長提案」（本書、八二頁以下参照）の一つです。

それでは、本学は具体的にどのような大学であろうとしているのでしょうか。それは、教養を重んじる大学です。日本の学生人口の八割に近い学生を擁する私立大学であると共に、専門教育に裏付けされた教養を重んじる大学です。その意味は特定の専門知識、専門技術を修得しながら、幅広い教養を身につけることを目的とした大学を目指しているのです。二一世紀は、ボーダーレスの社会です。特定の専門知識・技術を身につけながら、的確な総合的判断が求められる社会です。公共の利益、他者への配慮が求められる世紀です。要するに、特定専門の知識・技術を生かせる豊かな人間が一層必要となる世紀です。主専攻、副専攻という形で、可能な範囲で、幅広く深い教養を身につけることのできる総合大学を目指したい、ということも「学長提案」です。

（「東北学院時報」二〇〇一年一、二月）

5　恐怖の年から新しい年へ

世界貿易センター崩壊の映像を見た時、一瞬頭の中をバベルの塔の倒壊がよぎった。西暦紀元前のバベルの塔の事件は、当時のメトロポリタンであったバビロン（今日のバクダッドの近く）で、多数の国々の人々の作業中に起こったと想像しうる。今回の同時多発テロに劣らない恐怖の衝撃を与えたことであろう。もちろん、あの事件は自爆テロによって起こったとは断定できない。しかし、あのバベルの塔建設の思想的背景の一つに、人間が神たろうとする人神の思想を想定することは可能であろう。

現代の代表的神学者の一人で、かつて旧東欧の共産党全体主義を経験したE・ユンゲルはイスラムの熱狂的原理主義による事件に類似するものとして、ヒトラーのナチズムと旧ソ連・東欧のマルクシズム・共産主義イデオロギーによってもたらされた大量虐殺や人権侵害を記している。さらにユンゲルは無神論の原理主義だけでなく、宗教的原理主義の危険を指摘し、中世の異端審問を取り上げている（「新チューリヒ新聞」一二月二八日掲載）。それらはいずれも人間（一党独裁の指導者）と人間の思想に基づく政治・社会システムを絶対的なものとするとともに、それを権力・暴力によって他に強制し、多数の人々に死をもたらしたものであった。

周知のように原理主義というのは、特定の宗教や思想・イデオロギーが――元来人間は、そして今日ではすべての学問は多かれ少なかれその傾向を有しているが――政治・社会・文化すべての生活分野において、唯一絶対の基準（いわゆる一元論）となり、他の立場を認めず、時に他を権力・暴力によって否定するもののことである。それゆえ、このような原理主義に立って行われるテロ行為や専制的全体主義に対しては、個人として反対するだけでなく国家や国家連合が対策をとらねばならない。また新しい国際協力のシステムの構築があのテロ事件以後始まった。そのシンボル的現象の一つは、世界最大といわれるロシアの軍用輸送機でアメリカの軍事物資が空輸されたことである。それは冷戦時代との相違というよりも世界史の新しい局面を示している。そのように、あの事件が一つの世紀の終末を象徴し、新しい世紀を導く事件であったことにもバベルの塔との類比を見るのである。それだけに二一世紀の人類の国際協力や集団安全保障の構築は、その根底に人権と平和を共通の価値観としていなければならないことはいうまでもない。

いずれにしても、欧米の合言葉となった「恐怖の年」（annus horribilis）、二〇〇一年は終わり、新しい年を迎えたのである。

本学の真の創立者イエス・キリストは「真理は自由にする」と語り（ヨハネによる福音書八章三二

節）、しかも、その真理は「他に奉仕する」と強調した（マルコによる福音書一〇章四三節以下）。それらを受けて、本学のルーツに立つ宗教改革者M・ルターは、「奉仕する自由」を説いたこと、良心の自由、政治と宗教のシステムの相違を主張し、政教一元論の原理主義に対する戦いに苦闘したことを思い起こす。そのように聖書に記され、宗教改革者によって受けとめられた真理の光に照らされ、またそれを究極において求めるべきものとして、新しい年を歩むものでありたい。そしてその歩みは、本学の大学教育共同体として日常的営みの段階でも具体化されねばならないと思うものである。

（「東北学院時報」二〇〇二年一月）

⑥　文明の衝突？

グローバリゼーションは情報・通信、交通、政治・経済活動などの各分野での地球規模化を意味している。しかし、他方で、それらのグローバリゼーションの価値評価する基準として、基本的人権を重んじる自由な民主主義社会がある。ただし、グローバリゼーションには前記の価値・理念そのものの理解をめぐっても異論があり、時に文明の衝突とさえいわれる事態を起こしている。

文明の衝突といわれるとき、主としてユダヤ・キリスト教文明とイスラム教文明との衝突が考えられている。しかし、ユダヤ教はもちろん、キリスト教とイスラム教との間の折衝、交流の歴史は千年以上に及ぶ。それのみならず宗教としてのイスラム教は、旧新約聖書を確証しながら、それらにおいて啓示されたものの完成をコーランに見る(コーラン・スラ二牝牛一、二八、四六、八三、八七参照)。その限りにおいて、イスラムはユダヤ教、キリスト教を越え、それらを否定すると主張している（同、牝牛一一三、一三六参照)。それにもかかわらずアブラハムはイスラムにとって最も重要な信仰の祖である（同牝牛一一八〜一四六)。イスラムの信仰は本来アブラハムの信仰とさえいうのである（同巡礼二七〜七七）。そして、イエス・キリストはアブラハムの系列の一人として位置づけられる（同、光まばゆい部屋飾り五七以下）。このように三者の宗教的一致はアブラハムに求められる（H・J・フィッシャー）。

ヨーロッパにおいては、今日イスラム教、ユダヤ教、キリスト教三者の教会代表、神学者らによる懇談協議会も設けられている。プロテスタント教会では三者の共通性、共存について啓蒙活動している各個教会も見られるほどである。文明の衝突という煽動的言葉を用いさせるのはイスラム原理主義、キリスト教諸国における極右の政治活動といってよい。ただし、日常生活における人種的相違、宗教を根源とする生活習慣の相違から醸成される違和感を解消することは容易ではない。それだけに一層文明の共存として、政治的には価値多元のデモクラシー、経済的には公共的利益を優先した市場原理、思想的には基本的人権その前提にある人格の尊厳に、われわれは留意し、それを人間形成の根底にしなければならないであろう。

その観点からすると、明治以後、急速な富国強兵の日本の近代化のためにとらざるをえなかったわが国の諸政策には一考されるべきものがある。その一つに国家神道に即して作られた靖国神社がある。キリスト教国においても行われている政教分離（戦没者碑の建設）と国家統一のための市民戦争——戊辰戦争——の犠牲者をいわゆる官賊の区別なく祀ることをわが国も靖国神社対策として適用すべきであろう。また、前述の諸理念の実現を今後のわが国の進む方向として努力してゆくべきであろう。

そのようなことを考えるとき、キリスト教に基づくグローバルな価値の学びを人間形成（教養）の中心とする本学の存在有意は大きい。さらに、大和朝廷のはるか以前に、わが国の一つの文化の中心があった東北の存在を自覚することも、グローバル時代における個別・地方文化への関心という意味で重要であろう。それと共に、グローバル情報化時代の今日は、東北に限らず、すべての地域が文化の中心たりうることを自覚すべき時代なのである。

（「東北学院時報」二〇〇三年一月）

7 東北学院の教育の原点

――「主がしつけ諭されるように育てなさい」（エフェソ信徒への手紙六章四節）

新年おめでとうございます。二〇〇四年を迎え、皆さまの上に主の平安がありますように、心から祈念いたします。

年頭にあたり学院長・大学長として所感を申し上げます。旧約聖書の特色の一つは宗教と教育とを結びつけたことです。宗教改革者M・ルターも「子どもたちを教育しなければならない最大の理由は、それが神の命令であるから」といっています。こうした「教育をしなければならない」という神の命令の前提にあるのは、人間は教育されるべき存在という聖書の考えです。その点でルターに次いで記憶されるべきはI・カントです。彼は「人間は教育されねばならない唯一の被造物である」という有名な言葉を残しています。カントに関して特に注目すべきことは、すべてを批判する理性、その理性もまた批判さるべきものであるという理性の三重の理性とその限界を明らかにしたことです。

教育せよとの神からの命令、教育されるべき唯一の被造物としての人間、教育する人間の営みの中心にある理性について、この二月に没後二〇〇年を迎える、カントを覚えつつ東北学院のまことの教育の原点に思いを馳せました。

次に、大学長として一言申し上げます。昨年一一月二七日、法科大学院の設置が認可され、四月開設に至ることを皆さまと共に喜びたいと思います。そのための法科大学院・総合研究棟の建築も順調に進んでおります。法科大学院の教育の成果を期待すると共に総合研究棟の有効な使用、大学院の整備、研究体制も強化しなければならないでしょう。

教養学部の新しい地域構想学科の設立と史学科の歴史学科としての再出発の準備は関係の先生方の努力により順調に進んでいます。本学全体の入学・収容定員に変更を加えず、届出で設置可能な方向で努力しています。

懸案の一つであった韓国・デブル大学との交流協定は、昨秋締結しました。三年越しのオーストラリアの二大学、フランス・サヴォア大学との協定は現在、調整・折衝中です。他方、英国の二大学との交換留学は先方の都合で継続が危ぶまれており、本学の国際交流業務の効率化に加え、他部課との連携強化が急務となっています。国際交流に限らず、諸委員会の小事にこだわらず、目的に即した審議のさらなるスピード化が課題であり、その反省に立って大学運営を見直すことが新年度の課題と考えています。

新年度から星宮望学長、斎藤誠法学部長、佐々木俊三教養学部長、大塚浩司大学院委員会副委員長がそれぞれの職務に就かれる予定です。本学開学以来、学外から、さらに自然科学系からの学長は初めてです。新学長選考の経過について、一言させていただきます。本学はアメリカの私立リベラル・アーツ・カレッジをモデルに設立されています。すなわち価値多元の自由なデモクラシー社会の結社の自由に基づいて特定の価値によって設立されたものであります。しかし、日本の文化風土（国公私立大学の状況）を考え寄附行為にうたう理事会の専決事項にもかかわらず教学部門の意見も聞くために学長選考委員会を設け、学長候補を理事会に推薦、それを参考にして理事会が決定しています。（「寄附行為施行細則第二条」、「学校法人東北学院役職者選任規程」参照）。ともあれ新年度もキリスト教大学としての更なる発展を期待すると共に、新学長の下に、新学部長、新部長を加えての大学執行部の協同作業を理解し、支えてくださることを教職員をはじめ後援会・同窓会の皆さまにお願いいたします。

本学の改革の進展のために正面からの対話、アカウンタビリティ、私欲のない働き、本学固有の価値・建学の精神を理解し、それに即した相互の支えと助け、切磋琢磨を心から願っています。

（「東北学院時報」二〇〇四年一月）

五　仙台、ダラム、アルスター

――学長コラム――

1　仙台圏大学の中の東北学院大学

「Think globally, act locally!」というよく知られた言葉があります。「グローバルに考え、そのおかれた各場所で実践せよ」ということでしょうか。これは学問の普遍性を問う大学人として、ある意味では当然のことです。一方、本学が「多様な大学院を有し、実用専門性にも留意した総合的教養大学」として今後も発展すれば、産学官の総合職や専門職への人材の提供という地域への幅広い貢献が可能です。仙台圏大学の中では、それだけで大きな特色を持っているように思います。一万数千人の学生を擁する総合大学、しかも、教養学部と人文系学部、それに比較的専門性の高い社会科学系と自然科学系学部を有する大学は、東北大学を除いた場合、仙台圏には本学しかありません。東北大学がますます大学院大学に集約されていくように、東北の各大学も、教養か研究か実用専門かのいずれかに収斂していくことになるでしょう。そうなれば、前述のような意味における総合大学としての本学のあり方は、建学以来の歴史的使命と地域に対し担っている役割という点で、より特色あるものとなります。

これからも仙台市の人口は増えるでしょう。その人口の増える中身というのは、個人としての自分のあり方や生き方を選択する市民、高学歴・高齢化の成熟した市民、そして、個人主義化した市民です。そういう高学歴・高齢化の市民は、カルチャーセンターでは満たされない高等教育への意欲を高めております。実用専門性を持った教養大学としての本学の特色がそのような生涯教育の面でも発揮されるのではないでしょうか。

他方各大学が持っている制約と特色を相互に補完することが求められます。その一つが、現在検討している在仙の各大学間の単位互換制度です。この制度は、学都仙台に貢献するとともに、在仙の学生全体に、学習意欲を喚起することになります。教員サイドには、これまで以上に他大学との自由な協力と競争が求められることになります。また単位互換が、市民の生涯教育を広めるネットワークの中に位置付けられるならば、成熟した市民社会の形成と密接な関係を持つことになるでしょう。

地域への役割と貢献は多々ありますが、本学の特別な貢献は、キリスト教の持っている価値の中にあります。キリスト教的諸価値を大学人に理解できる言葉で、普遍的価値としてしっかりと伝えることがキリスト教大学の使命です。少なくとも、個人の価値の平等、自由な自立した個人、隣人愛ということについては、他の宗教も基礎付けられるでしょうが、キリスト教では特別な使命となっています。それを伝えていくのが、本学の建学以来の責任です。

（大学広報誌「ウーラノス」二〇〇〇年二月）

2　東北学院大学の三つの性格

東北学院大学および大学院への入学を心から歓迎いたします。
本年から第三ミレニアム、第三の千年期に入りました。明年からは二一世紀になりますが、大学（university）というのは、約八〇〇年前に出来たものです。大学とは何でしょうか、どんなところでしょうか。それを説明するとすれば、第一に大学とは学ぶ共同体（learning community）ということができます。。学ぶ、すなわち、調査・研究し、学ぶということが大学における中心的な仕事、本分（core-business）です。外国語の学びをはじめ、教養教育科目の学びから、専門教育科目の学びまで、古い歴史の研究から、先端技術の学びまで、学ぶことばかりです。大学は学ぶ教員と学ぶ学生によって、存続し、発達し、新しく造り変えられてゆく社会です。

第二に大学は人間形成の場です。大学における人間形成は学業によることはもちろんですが、とりわけ友人、先輩との語らい、クラブ活動におけるさまざまな交流や、友情によってなされることは申すまでもありません。それは、その後の人生の貴重な宝となるでしょう。

第三に大学は一人の人間としての社会的義務ないしは企業や地域社会さらに国家を越えて、人類社会にグローバルに適用する倫理を学び、伝え、指し示し、証言する所でもあります。本学はこの使命を大学の伝統として大切にしてきました。ますますグローバル化する二一世紀は、一人の人間としての価値が尊ばれ、自由と平等の基本的権利が尊重される世界でなければなりません。その点が本学の精神的根拠であり、本学の目標である聖書の教えであります。

東北学院大学において、自由にのびのびと精一杯自分自身を成長させてください。そのことを心から願っております。

以上が、これから本学で新しい生活をスタートする新入生へのメッセージです。

（大学広報誌「ウーラノス」二〇〇〇年六月）

3　ダラムの町と大学

夏のヨーロッパ旅行の途中、今春協定を結んだばかりのイギリスのダラム大学を訪ねました。三方を川に囲まれた小高い丘の上のダラムの町は、一一世紀の始め、聖カスバートの骨骸を守るために造られた城塞の町でした。その後一八三六年まで主教が領主として英国国王から軍事・行政・裁判権を委ねられていました。その面影は、主教座聖堂、お城と城壁に沿った町並みに今もよく残っています。それだけで観光客の眼を楽しませてくれるのに充分です。

ダラム大学は、一八三二年に、オックスフォード、ケンブリッジに次ぐ英国第三番目の大学として、主教と主教座聖堂参事会によって設立されました。現在は一四のカレッジを数え、学生数は約九千人で、その内学部七千人、大学院二千人、そして約一〇%が外国人留学生です。そのような総合大学（ユニヴァーシティ）の最初のカレッジがお城を利用したユニヴァーシティ・カレッジです。ところで、それらのカレッジは、オックスフォード、ケンブリッジとは全く異なります。英国のカレッジには三種類ありますオックスフォード、ケンブリッジを第一の種類とするとそれは全寮制で、学寮でありながら部分的に学部や大学院の授業を行っているカレッジです。第二の種類はダラムで、それは純粋な学寮です。従って、ダラムの場合オックスフォード、ケンブリッジとは異なるカレッジなのです。ダラムのカレッジは単純に学寮なのです。教授である寮長の下で、ダラム大学（ユニヴァーシティ）の各学部の学生が起居を共にしています。そこには図書館、食堂はもちろん、礼拝堂まであります。文字通り、このカレッジは、学びながら聖書の教えに共に導かれることを目的とした人間形成の教育寮ということができるでしょう。例えば、この大学の工学部は東芝を含め世界の有名企業から寄付を受けているという点でも秀れた研究をしていると思われます。しかし、大学の基本は人間形成（教養）を重視している教養大学という側面をなお保持しているということができます。

教養を重視するという点で、大学の国際交流の関係者から印象深い話を伺いました。それは修士や博士の学位授与にあたって、単にそれぞれの専門についての知識・技能だけを問うてははいないということでした。思想、文学、芸術などヨーロッパ文化についての基本的な教養を身につけてほしいということでした。学寮としてのカレッジの運営の理念とも符号する考えとして興味深く思いました。それがまた、この大学が本学との交流においても、日本語とその背景の日本文化についての組織的カリキュラムを望んでいることにもあらわれています。その点は、ダラム大学だけでなく、諸外国の大学が本学との交流に関して希望しているものであることは関係者のよく知る所でしょう。

最後に、英国の第三の種類の大学とは、ロンドン大学のように、その下で緩い連合体を形成する独立した単科学部・大学院であるカレッジからなる総合大学です。

（大学広報誌「ウーラノス」二〇〇〇年一〇月）

4　東北学院資料館の新設など

大学設置五〇周年記念主要事業の一つである八号館（教育・管理棟）が、二〇〇〇年の九月に完成し、教学関係の事務の六課・事務室がすでに学生サービス業務を行っています。また、諸設備の整った最上階の押川記念ホールや中教室などは、新年度からのさらなる有効利用が期待されます。八号館に移転した教務課、国際交流センター事務室などの空き室の利用について、所定の委員会での検討が終わりました。

個々の空き室の利用についてはいずれまとまった報告がなされますが、ここでは東北学院全体によって使用されているラーハウザー記念礼拝堂の地下の利用について、報告します。

土樋キャンパスにあるこの礼拝堂は、法人全体にとって重要なものであることはもちろん、とりわけ土樋キャンパスで学んだ方々にとっては思い出の一つの中心として特別な意味を持っています。そのような考えを背景として、礼拝堂地下室の利用を決定しました。

第一は、東北学院資料館として、東北学院関係の資料を常時展示します。二〇〇一年五月一五日、東北学院創立一一五周年という一つの記念すべき時に、そのオープン・セレモニーができればと思っています。昨年に続いて行われる大学のホームカミング・デー（同窓祭）に来学される方々はもとより日々の来訪者にとっても見学の場所となるでしょう。

次に、礼拝堂地下の利用として、キャンパス・ミニストリーの実践やキリスト教関係書籍の展示の場とすることは、礼拝堂の目的に則したものといえるでしょう。本学の寄附行為第三条、学則第一条にうたう建学の精神・キリスト教といっても、その内容は多様です。宗教改革に基づくプロテスタント（新教）といってもなお漠然としています。礼拝、キリスト教学以外に、さらにキリスト教に触れ、学びたいという方々に何か役立つ書物の展示なども考えられます。

第三は、礼拝堂が法人全体の運営に関わっていることから、同様に法人全体に及ぶ部局ということで、広報室も一部を使用することになりました。八号館（教育・管理棟）への移転によって空き室となったのは礼拝堂地下室に限りません。それらの空き室の利用については順次検討していきます。重要なことは、土樋キャンパスの整備は、それによって終わらないということです。大学院ゼミナール、大学院生自習室、各研究所の総合研究棟など検討しなければなりません。仙台市の中心に近い土樋キャンパスの持つ意味は、東北地方、宮城県における仙台市の役割の重要度が増加するに比して大きくなります。そのように二一世紀における本学の地域における文化地理的意味を考え、さらに、多賀城キャンパスの整備といった要件も視野に入れて今後の大学のキャンパスの整備・改善を考えなければならないでしょう（これらは東北大学片平南校地を視野に入れた発言である）。

（大学広報誌「ウーラノス」二〇〇一年二月）

5　アルスター大学訪問

八月上旬、北アイルランド・コレイン（Coleraine）の壮大な緑のキャンパスに二万人を超える学生を有し、本学と交流提携を結んでいるアルスター大学の本部を――今回も私的に――訪ねました。応対してくださったのは、その名をこの四月から学芸学部（Faculty of Arts）と変えたばかりの同学部の学部長B・ウェルチ（Welch）教授とビジネス・マネージメント学部ビジネス学科主任、情報学部コンピュータ数学科主任の方々でした。一通り大学全体と上記二つの学科についての現況を伺いました。特に情報科学関係の充実は印象に残りました。昼食前のキャンパス案内では、ゆったりとした個室と、四人で共同使用するキッチン、ダイニング、ランドリー、娯楽室の備わった二階建ての学生寮などを見学しました。今秋も本学から英文学科の学生が一年間留学することになっていますが、アルスター大学では引き続き学生を送って欲しいこと、本学の学生を高く評価しているとのことでした。

昼食を挟み、アジア・日本・中国のこと、そして、アジアの東北、日本の東北地方への質問が本学との関わりにおいて出されました。

アイルランド文学専門の学芸学部長ウェルチ教授が最近出版されたJ・スウィフトのエッセイ集を念頭において、北アイルランドの経済的繁栄と将来について、とりわけ技術革新と紛争との関わりにおけるアルスター大学の役割について私は質問しました。後者について言えば、アイルランド紛争の契機となったロンドン・デリー城内のメイン・ストリート行進の直前の訪問故に、その緊張した雰囲気は私にとってよい体験でした。教授たちはアルスター大学の平和研究所が昨年オープンし、日本を含め世界各地から期待を反映した反響をえている由でした。現代世界はコソボ、パレスチナ、北アイルランドと並ぶ地域紛争の長い歴史を経験しているだけに、その歴史に対応した若い世代の取り組みに希望を寄せていました。アイルランド共和国軍（ＩＲＡ）は講和条約がうたう武器の放棄は守っていませんが、武器の製造は中止するという点まで歩み寄ったことを強調するデリー・ジャーナル（カトリック側）とＩＲＡの武装解除の約束が今回の交渉でも約束されなかったと失望を伝えるロンドン・タイムズ（イギリス政権・プロテスタント側）の記事の違いを面白く読みました。ともあれ、コレインの大学と一般市民の平静な様子を見聞できたことは一つの経験でした。それとともに北アイルランドの自然の美しさに魅せられました。案内役の国際交流センター事務長Ｍ・グリーン博士はコプト語の専門家で、ドイツ、ゲッティンゲン大学で考古学を学び、学位を取得した由、二日間にわたる同氏との各種の話は楽しいものでした。

（大学広報誌「ウーラノス」二〇〇一年一〇月）

6 ストラスバーガー学長のエッセー

先日、本学の姉妹校アーサイナス大学のJ・ストラスバーガー学長から、『どなたが私たちの価値を自分のものとするのでしょうか?』という小冊子が贈られてきました。そこには八つのエッセーが収められています。昨年の九月一一日のアメリカにおける同時多発テロ事件の後の文集だけに、あの事件に触れたものが多く見受けられます。その中から「共通の土台に基づく対話」と題するものの抄訳を紹介したいと思います。

「共通の土台に基づく対話」

九月一三日、私たちは、プラトンの『エウテュプロン（Euthyphron）』を読むことになっていました。あの（九月一一日）惨事は、誰にとっても、心を傷つけ不安にさせる瞬間でした。ニューヨーク市の消防士の息子を含む新入生のクラス一六人にとっては、特に、そうだったと思います。

そのクラスで、私は、最初の質問をする必要が全くありませんでした。最初に学生が挑発的な主張をしました。すなわち、もし、ビン・ラディンや他の誰かが、「神（God）もしくは神々（gods）に語りかけられてあのような行動を起こした」と思ったなら、そうでないと証明する方法はないというのです。理性が決定的な答えを与えてくれないと、人々は簡単に別な考えへ変節します。

プラトンの「対話」においてソクラテスが示唆していることですが、家族の価値、子供に対する私たちの愛の自然さ、共に生きてゆくことへの明確な期待など、神々や神がよしとするものに、私たちは、合意すべきなのです。もし、私たちがこれらの価値を普遍的なものと認めるならば、子供たちや家族や共同体を破壊するような行動を、神々の望みを実現するのだとして単純に採用すべきではありません。

以上は、ストラスバーガー学長ご自身の教養教育の授業体験レポートです。『エウテュプロン』は、これにはじまり『ソクラテスの弁明』、『クリトン』、『パイドン』に至るソクラテスの死についての、プラトンの一連の作品の冒頭に位置します。ソクラテスは「知恵によって青年を堕落させ、伝統的神々を信じないで、新しい神を作る」という理由でメレトスによって告訴されました。ソクラテスはそれに対して、あの『ソクラテスの弁明』をアテネ市民に向かって述べた後、自ら毒を飲みました。それは大した根拠もないのに一市民の告訴を簡単に取り上げる、堕落したアテネの民主主義に対する抗議となりました。しかし、プラトンによって、この事件をめぐっての一連のソクラテスの弁明、弟子たちとの対話が公にされ、現代に至るまで、真理と真理に生きる人間についての証言となったのです。ストラスバーガー学長は、授業のテキストの『エウテュプロン』を、上記のプラトン諸文書の中で考察し、昨年九月一一日のテロ事件との関わりで、宗教と正義・善・知恵などとの関連に言及しています。人間は、自分の政治的思想や体制を絶対化して、それを宗教のようなもの（疑似宗教）にしますす。また、宗教的理想や判断を、現実の世界にそのまま実行することがあります。いずれも同じようなことですが、前者は全体主義、後者はこの頃よく言われる原理主義というものです。ビン・ラディンはその二つの中のどちらのタイプであったのでしょうか？　彼が熱狂的なイスラム教徒だったとすれば、後者のように思われます。

この授業では、私の視点からすると、基本的人権としての個人と家族の尊厳と自由が、共通の根底、価値の土台となっています。それらの基本的人権は、キリスト教的に言えば、神によってすべての人間に与えられている一般的恵み、あるいは創造の賜物ということになります。

それにしても、プラトンの著作を資料として、キリスト教やイスラムとの関わりにも触れながら、今日の世界に生きるすべての人々の共通の土台（価値観）を示そうとするストラスバーガー学長の複眼的な考察に感心しました。

（大学広報誌「ウーラノス」二〇〇二年六月）

7　卒業生の受賞

春秋二回、国や政府による表彰があります。官職に就いた方々の表彰が主です。同じ政府の表彰でも、芸術や企業の分野では必ずしも官が重んじられることはありません。他方、民間で行われる文学・芸術分野の表彰は、対象とする賞の主旨に沿った多様な独自の選択が行われ、そこに豊かな社会、あるいは社会の成熟度を見る思いがします。

昨年秋、本学の卒業生で二人の方が、文学・芸術賞を受賞しました。一人は、既に文學界新人賞を受賞し、芥川賞受賞候補にもなった若合春侑（ワカイ　スウ）さん（昭和五六年経済学部経済学科卒業）です。東北学院大学広報誌「ウーラノス」第一一号で紹介した氏の最新刊『海馬の助走』（中央公論新社）が一〇月に講談社「第二四回野間文芸新人賞」を受賞されました。『海馬の助走』は、港町を象徴する人々を描き、主人公は、本学二部で学ばれた著者の父上をモデルにしています。漁業・漁港は、戦後日本の社会・経済史において特異な変化を経験しました。海産物商の営みは、農業以上に日々の天候の影響を受けます。大変不安定なものです。漁業資源の変化、漁業市場価格の全国化、国際化、とりわけ港町の人々の気質は農村には見られないものがあります。それら文化の多様性を、ある家族を中心に描いています。本格的文学作品と思いました。本書には、小編「掌の小石」も収められています。これは、本学の同窓生ならではの作品です。日頃、本学での礼拝司会を担当している一人として、このような形で大学生活を送り、聖書の言葉を受け留めておられることを知り、深い喜びを禁じ得ませんでした。この小品を読まれる同窓生には、共感を覚える方も多いでしょう。なお、著者は、御父子共々松木太郎先生、筒井徹先生などに学ばれた由です。

前者とは異なり極めて現代的な、讀賣新聞社と清水建設主催、新潮社後援「第一四回日本ファンタジーノベル大賞優秀賞」を、文学部史学科を昨年の春に卒業しました小山歩（オヤマ　アユミ）さんの『戒』が受賞されました。この賞は、ＳＦ、怪奇幻想小説に与えられるものです。在学中は日本古代史担当の熊谷公男教授の授業に興味を引かれたようです。受賞作品『戒』は一二月中旬に新潮社より発売されました。

――舞台は古代帯沙半島の小国・再。主人公の戒は再国の世継ぎ、公子・明の影となって生きる決意をする。公子・明は名君として王位について国を治めた。しかし、中途半端な自分がそれらの周囲の人々を犠牲にしていたことに気づく。架空の国である再国の信仰、それに基づいた差別感、また、半島に残る様々な伝説や習俗を織り交ぜ、歴史上の謎とされていたという戒の一生を鮮やかに描いています――。

前記二つの新人賞のように全国的ではありませんが、仙台では去る一一月一四日に七七ビジネス振興財団による「七七ビジネス大賞」の贈呈式がありました。大賞三件の中、二件は本学卒業生が経営責任者となっている企業でした。以下、審査委員会の贈呈理由に基づいて受賞理由を同委員会の許しを得て記します。

一つは、一九一二年創業の㈱白謙蒲鉾店で、社長の白出征三氏は文経学部経済学科昭和四〇年卒業です。現在は、仙台、盛岡、郡山などへも販路を拡大しています。「白謙のかまぼこ」として根強い固定客に加え、新たな支持層を拡大するなど、人気・知名度は着実に上昇中であり、今後も地元業界を代表して大きな飛躍が期待される企業の一つです。

次は、一九五九年設立の平禄㈱で、社長の江川進興氏は昭和五〇年に工学部応用物理学科を卒業しました。「元禄寿司」の名でいわゆる「回転寿司」チェーンのさきがけとして事業を開始し、平成九年に現在の「平禄寿司」に改称しました。店舗は、北海道、東北、関東に八八店舗を展開中です。現在、東日本におけるドミナント展開を強化中で、平成一三年四月には店頭上場を果たしています。今後は、韓国、香港など、主にアジア地域での展開も視野に入れ、現在市場調査を実施するなど、さらなるマーケット・企業の拡大を志向する成長企業です。

この秋の受賞者の中で、叙勲以外に筆者の気づいた方々を紹介しました。その他の分野で活躍され受賞された方々もあるかもしれません。受賞の栄に浴しないが、地の塩として努力されている方々の上にも思いを馳せるものです。

（大学広報誌「ウーラノス」二〇〇三年二月）

8　元上智大学学長ヨゼフ・ピタウ大司教

去る六月二八日、本学礼拝堂で元上智大学学長、現ローマ教皇庁教育省局長のヨゼフ・ピタウ大司教の「人間形成とキリスト教大学」と題する講演とその後三〇分程、同氏と学長との対話が行われました。同氏は、キリスト教大学における礼拝の重要性と主要ポストはキリスト者がその任に当たるというクリスチャン・コードについて語り、創造と解放（エクソドス）、福音（十字架と復活）というキリスト教の原理から講演を展開されました。以下はその要約です。〔キリスト新聞二〇〇三年九月六日発行より一部転載。なお東北学院時報第六一九号（九月一五日発行）を参照。〕

主要なポストには信仰者を

人間形成は、ひとつの過程である。それは、一日で終わるものではなく、生涯にわたってかかわるものである。キリスト教大学は、その人間形成の過程にどのような影響を与えるべきであろうか。ただ既知的、学問的な教育だけを与えるということではない。また、ただ大学に属している者だけが、それに関係していることではない。小・中・高等学校、大学でも、親の責任は一番大きい。

次に、キリスト教大学はまずその象徴であるチャペルを大切にせねばならない。キャンパスの中心はチャペルでなければならない。学生たちはもちろん、教員、アドミニストレーションに属する教職員たちも、チャペルに出席しなければならない。そうでなければ、チャペルは重要なものではないという印象を学生たちに与えることになるだろう。

日本では、教職員すべてが、キリスト者であるわけではない。無理にそうすれば大きな問題が起こるであろう。しかし、キリスト教大学で、主要なポストにキリスト者がいなくてどうしてキリスト教の精神を守ることができるだろうか。このことを真剣に考えなければならない。

中心的なコアとなる教師は、自分の信仰と、自分の生き方と、自分の学問との一致の模範でなければならない。そして、職員たちも同じ気持ちになることによって、学生たちを自分たちの仕事、自分たちの生き方で導くことができる。

キリスト教大学の雰囲気

皆が一つの目的に向かって、大学をキリスト教大学として一致して守らなければならない。キリスト教大学は、第一に先生方、職員、学生を大切にする目的を持っている。一人ひとりの学生、一人ひとりの教職員は、神から贈られた宝物である。その宝物を大切にしなければならない。

キリスト教大学には国立大学とは違う、特別な雰囲気があるはずである。そのようなキリスト教大学の雰囲気は、創造の奥義から始まる。それは、すべての人は神によって創られた宝物であり、皆平等であることを意味している。人種差別も、性差別もしてはいけない。よりよい人間にならなければならない。絶対的な者はたったお一人、ただ、神だけである。キリスト教大学では第一に学問の発展、学問の進歩の真理を見せなければならない。そして自分の欠点を直し、毎日改革していかなければならない。

大学共同体として歩む

キリスト教大学は、学問的にもいい大学であることが必要である。しかし、それだけではない。はっきりとしたミッション（使命・目的）を有している。それを説明し、理解してもらわなければならない。その目的（使命）を実現するように努力する共同体が、キリスト教大学である。

その共同体は、一緒に奴隷の状態から自由の状態に入れられている（エクソドス）。それは私たちの信仰の一つの土台である。また信仰の道を歩む者は、一人だけで歩むのではない。信仰者とそうでない者との共同体として歩むべきである。キリスト教大学でありたいならば、第一に創造（すべての人に神から与えられている能力、賜物を用いること）、第二にエクソドス（キリストによって与えられる自由と奉仕）の体験を、一緒にしなければならないのである。

神と人とを結ぶ縦の線を強固に

第三番目は十字架である。十字架はキリストの愛の印である。この十字架をキリスト教大学の印として特に取り上げたい。キリスト教大学のミッション（使命）は十字架であり、それは神と人を結ぶ縦の線。それは、ある意味において、チャペルと同じイメージである。

そして横の線。共同体的なつながり、正義の考え方、弱い人を大切にする考え方、政治的な責任、社会的な思いやり、それが横の線である。しかし、十字架を立てようとするならば、その縦の線をしっかりと、土に深く置かないと、横の線はそのまま倒れてしまう。キリスト教では、正義のことを話しながら神さまのことを忘れてしまうならば、過激的な政治運動、あるいは社会運動に陥ってしまう。しかし、縦の線と横の線を一緒にするならば、そのような過激的なことはありえないと思う。もう一つ、キリスト教大学において、なければならない要素がある。キリスト教なしには、ヨーロッパ全体の八〇％の美術はなくなってしまう。チャペルでもいい、図書館でもいい、何か、美的な教育を与える場所が必要である。美のないところでは、真理、道徳的なこともなくなる。大学は、客観的に何が良いことであるのか、何が善であって、何が悪であるのかという基準を、学生たちに与えなければならない。

主観的な概念や思弁だけで、道徳観念を決定することはできない。キリスト教大学では、倫理の客観的なもの、判断できる基準を聖書に基づいて与えるべきである。

（大学広報誌「ウーラノス」二〇〇三年一〇月）

9　記念される二人の思想家

二〇〇三年末から二〇〇四年の初めにかけて、日本をふくめ世界は二人の一八世紀の思想家を記念し、また記念しつつあります。

一人は、昨年十二月十八日に歿後二〇〇年を迎えたJ・G・ヘルダーです。かれは、一七七六年一〇月、ワイマール公国宰相ゲーテに招かれ、その公国の教会の最高の地位にあたる監督（ただしGeneralsuperintendent）として二五年間その職を兼ねながら、ワイマール市——今日通称ヘルダー教会と呼ばれる——の主教会の牧師を務めました。その神学は、ルター正統主義を尊重しながら、当時のヨーロッパ全体の歴史、思想、科学、芸術、民衆の歌曲などに広く関心を有し、ロックやヒューム、ルソーなどにも通じた汎ヨーロッパ的思想家でありました。ヘルダーは、人間を非行に走りかねない（不良な）神の似像と規定し、完全な人間性の回復を神の創造の復元（recapitulatio）に見ました。その点でもルターの継承者でありました。東北学院の立場から興味のあるのは、前記ヘルダー教会内のかれの墓石に「光、愛、生命」、すなわち、Licht, Liebe, Lebenと刻まれていることです。東北学院のスクールモットー「生命、光、愛」（Life, Light, Love）と少し順序は違いますが、全く同じ言葉が選ばれているのです。

今一人の思想家は、二月一二日に歿後二〇〇年を迎える哲学者I・カントです。カントは、ドイツのみならず、世界の哲学界を代表する一人です。ここでは、啓蒙主義の批判者、完成者という側面からでなく、特に現代世界の問題に対する意義という角度から触れてみます。それは、ドイツ理想主義（観念論）哲学者の中で、一九世紀、二〇世紀を通して唯一無傷で残ったのはカントだけといえるからです（「シュピーゲル」誌 Nr.1.29/Ⅶ.03,S.122）。

カントの現代的意義ということで注目すべきものの一つは、かれの『永遠の平和のために』でしょう。この本は、カントがその主著である三大批判書『純粋理性批判』、『実践理性批判』、『判断力批判』の出版を終え、既に晩年に達していた一七九五年に公にされたものです。この本は、永遠の平和のための六つの予備的条項と、同じく永遠の平和のための三つの確定条項、それに二つの付録からなります。第一の予備的条項六つは、第一条「将来の戦争の種をひそかに保留して締結された平和条約は決して平和条約とみなされてはならない」、第五条「いかなる国家もほかの国家の体制や統治に暴力をもって干渉してはならない」、第六条「他国との戦争において、将来の平和時に相互間の信頼を不可能にしてしまうような行為をしてはならない」などです。確定条項の第一は、市民的体制は専制的でなく、共和制的（今日でいえば民主的）でなければならないといっています。最も注目すべきは、「国際法は自由な諸国家の連合制度に基礎を置くべきである」とする第二の確定条項で、この項の中で諸民族の統一国家でなく、国際連合を提唱していることでしょう。確定条項の付録として政治と道徳との一致を求め、道徳的完成を目指す国家形成や法と道徳と一体となった政治を要求しています。その際カントはプラトンとは異なり、哲学者が王となる哲人国家を退け、法的状態が道徳と一致することを主張するのです。とはいえ、カントも法が道徳と一致することは困難で、限りなくそれに近づくしかないこと、道徳的完成を目標とすることを望み、期待するにとどまっています。

このような目的の王国は、かれ以後のプロテスタント神学者たちに継承され、その際その目的の王国を実現する力・推進力として、プロテスタント・キリスト教の重要概念である「義認や（神との）和解」が論じられたのです（例えばA・リッチル参照）。

しかし、カント自身はそのような神学理論を展開しませんでした。あくまで人間の自由意志を動かす「キリストの設定した教えとしての愛」に注目し、「キリストの人格と自由な愛の勧め」に基づく理性的判断と道徳的行為に固執しています（カント「万物の終り」、『啓蒙とは何か』岩波文庫に所収一〇三頁以下参照）。このようなカントの立場は、当時の教会の教理や教会制度を批判するものとなりました。カントのキリスト教観はかれの『単なる理性の限界内の宗教』に詳述されています。カントはキリスト教を否定していたのではありません。それを前述の『永遠の平和のために』の前年に記された『万物の終り』によって今少し検討してみます。

『万物の終り』は、表題からすると終末論ですが、その内容はこの世の目的（終り）としての最高善の成就について述べたものです。前述の目的の王国についての再論です。カントによれば、万物の究極目的である最高善を成し遂げることのできるのは、神だけです。最も完全な人間でも最高善をただ切ない気持ちで追い求めているだけです。しかし、その目的がいかに善であるにせよ、道徳的事柄に関しては、命令や権威による強制でなく、愛による促進、自由意志の説得に努めねばならないと、カントは主張しています。要するに、「勇気をもって知恵ある者となれ（sapere aude）」というカントが提唱する啓蒙の合言葉と、それを実践する「有限性と限界の中にある人間（理性）による仮借ない批判」は、キリスト教を排除するものでなかったことは明らかなように思われます。そのことを今日ドイツ・カトリック教会司教会議議長も主張しています（K・K・レーマン　Die Zeit 31/Ⅶ.3）。（ここまでのカントの引用はすべて岩波文庫による）。

このようなカントのキリスト教についての考えですが、かれの歿後間もなく編集出版された『Ｉ・カントの哲学的宗教論に関する諸講義』（Leipzig　一八一七刊編者不詳）二〇〇頁以下では、神の啓示が語られ、空想による恐ろしい状景、迷信的崇敬、偽善的鑽仰を批判した後、「私がなしうるだけの善を行えば、それは遠からず私を安らかにする、とわれわれの理性が語るならば、それがわれわれの深く静かに沈黙した理性である」とあります。この言葉は、カントのいう理性的道徳的信仰からみて最高の完全な道徳性に達しない人間に対する実践的宗教的勧め、慰めであると解することができます。

それともこれらの言葉は「ベストをつくせば、神はよくやったといって罪を赦し、共働の恵みという聖霊の助けを与えて義を成就する（救いを与える）」と言った中世末期のオッカム主義の再来、行為義認なのでしょうか、はたまた徹底した理性主義だけなのでしょうか。

いずれにしても、日本におけるカント歿後二〇〇年の記念はどのようなカントになるのでしょうか。注目したいものです。

（大学広報誌「ウーラノス」二〇〇四年二月）

六　折にふれて

1　教育の課題と祝福

一九九一年の大学設置基準の大綱化の意味は、第二次世界大戦後の新制大学の発足のもたらしたものと比較しながら理解することによって鮮明になる。少なくともわが国の大学における教養教育の位置、高等教育そのものの変遷を明らかにするためには、この二つの制度改革を比較考察することを不可欠にしている。

新制大学制度は、高度専門教育を主とした旧帝国大学も、その旧帝国大学とそれに準じる専門総合大学への入学を前提として専ら教養教育を行なっていた旧制高等学校も、一律に「一般教育と専門教育とを四年間で行なう」新制大学にしてしまった。それは欧米の高等教育との比較において見ると甚だ歪な大学であった。日本にしか見られない占領政策の落とし子であった。まずその理由を明らかにすることが、我が国の教養・一般教育の運命を理解する上で重要である。

第一に、旧制高等学校の教養教育（一般教養と同義語で用いる）は高等普通教育であり、しかもそれは文系と理系とかなり明確に区別されていた。しかし、それはアメリカのリベラル・アーツ・カレッジにほぼ相当し、旧制高等学校、即ちハイスクールでなくカレッジと呼ばれ、その卒業生は欧米への総合大学（ユニヴァーシティ）入学資格が付与されていた。そのように、旧制度において教養教育は独立した高等（普通）教育機関においてそれなりに完結した形で行われた。そして高等（専門）教育はこれまた独立した三年間の教育課程を有していた。ところが、占領政策の新制大学は教養（一般）教育を大学（ユニヴァーシティ）の中に取り込みはしたが、教養教育は二年間であり、専門教育も一年短縮され二年間となった。要するに、我が国の高等教育は占領政策によって教養教育も専門教育もそれぞれ一年間短縮されたのである。そのような双方の不充分さを更に悪くしたのは、技術革新に伴う国際競争と入学試験である。前者は我が国の専門教育の不充分さ、不徹底さ、競争力の劣化を浮き彫りにし、後者は戦後の教育改革によって行われるはずの新制高等学校での、即ち中等教育後期の教養教育を全く受験目的化して、矮小化することになった。しかし、この点の不完全さを補ったのは皮肉なことに、新制大学の必修化された人文、自然、語学、体育などの教養教育であった。その意味で、大綱化以前の教養教育それ自体は優れた教養教育（人間形成）であり得たし、その点は今日も評価しなければならない。しかし、人類が蓄積した知恵を背後にした先端的知識と技術のための高度の専門教育を行うべきユニヴァーシティにおいて、僅か二年間の専門教育は時代の要求には適さないものであった。そのように、新制大学の高等専門教育は改革を余儀なくされていた。

ところが、大学設置基準の大綱化は、そうした専門教育科目と教養教育科目の区別を撤去した。その結果、大勢は専門教育科目の繰り下げ（大学の専門大学化）、専門教育を目的とした縦割りとなった。それは高度専門教育機関としての総合大学（ユニヴァーシティ）の歴史的必然でもあり、またそれに倍加する時代の要請であった。他方、受験対策化した中等教育、特にそこでの教養教育は一層徹底し難くなった。大綱化後のユニヴァーシティは、人間形成の重要な課題を負った教養教育をどのように遂行するかという問題に直面することになった。これが旧文部省以来存続する本一般教育研究会が今日直面している問題であり、日々問われている問題でもある。

この問題と課題に対する対応は、各大学で異なる。またこれは教員一人一人の責任と自覚を問うものでもある。いずれにしても、この問題の解決の一つは制度的なものである。それは高等学校修了資格が大学入学資格となる新教育制度の導入という改革である。それによって、中等教育後期、即ち高等学校での教養教育が充実したものになるであろう。しかし、この制度を日本に導入することは、幾つかの戦争を越えて継続しているヨーロッパや第二次世界大戦前の我が国でないと不可能といってよい。大学の質が多様に過ぎ、大学の数も過多であるからである。洩聞するところでは文部科学省はこの高等学校卒業資格即大学入学資格制度を既に検討中と聞く。それは大英断である。しかし、前述のように今日の日本の現状での導入は簡単ではない。

そのような制度的な改革が簡単でないとすれば、差し当たりわれわれは一般教育（教養・人格形成教育）を引き続き重視し、これに直面しなければならない。なぜなら、高等専門教育を含めて、すべての教育の目的は個々人、一人一人の学生の人格の完成へ向かっての教育であるからである。これは現行教育基本法も謳う、変えてはならない教育の目的である。即ち、どのように専門教育の必要性や圧力が高まろうと、われわれが志す教育の目的は、人格の完成を目指すことである。その目標を直視するとき、一般教育としての教養教育であれ、高度の専門教育であれ、そこに多かれ少なかれ、それぞれになすべき教養（人格形成）教育の課題、選ぶべき方策が見えてくるはずである。

いずれにしても教育のすべてに共通していることは、人格は手段化するべきでないことである。むしろどの教育も手段である。また人格は結果を先取りして育成できるものでも、営利作業でもない。他方われわれのいかなる教育も人格の育成を期待し、希望することはできるが、人格の育成の結果そのものはわれわれを超越し、われわれの力を超えている。その意味で、教育は聖なるものと関わっている。そういう高貴なものに触れ合うことが許されているのは、教育者に与えられている祝福でもあるのではないだろうか。そのような祝福を約束されている人格形成（一般・教養教育）の課題が、われわれの前に常にあることを今後とも自覚して歩んで行きたいものである。

（二〇〇三年九月　第五三回東北・北海道地区大学一般教育研究会委員長挨拶。ただし、最初に掲載された「大会報告書」では「われわれの本来の課題」という標題であった。）

2　学生指導の目的は何か

私の一六年間の学生部長としての経験を踏まえながら少し話をさせていただきます。その経験の中で忘れることのできない思い出がございます。それはある学生から「二度と学生部に行くのは嫌だ」と言われたことです。それは、学生部において学生の支援の仕方というか、学生に対する応対の仕方に必ずしも問題があったのではないかも知れません。しかし、その言葉は今もって忘れることができません。こんなことを冒頭にお話ししましたのは、大学はどの部局においても、あるいはどの窓口でもハードルを高く感じさせないことができるようになればいいと思うと同時に、一人の人間としての学生に対する対応の難しさ、学生対応の問題点もあるように思われるからです。

学生とは何か

レジュメに従いましてお話を進めさせていただきます。初めに、学生とは何かということですけれども、つい先日私ども仙台の地元の者としてよく目にしております「河北新報」の夕刊のあるコラム欄に、学生がお客様とはおかしな話だ、という趣旨の文章がありました。学生はお客様ではなく教えを受ける者、教える者だということです。しかし、私立大学にとっては「お客様としての学生」という面もあるように思います。私立大学だけかということも一つ問いたいと思います。なぜならば国立大学は、学生の学納金とプラス税金が収入源であるわけですので、その両方からむしろ私立大学よりも学生はお客様だという面が多いように思います。いずれにしましても、学生が支払う学納金というのは学生に対する広い意味での教育支援、学生が払っているものです。あるいは国民が払っている税金が収入源であるわけですが、それに相当する教育が受けられているかということがあるわけです。これは今日始まった問題ではないでしょうけれども、大学でそれだけの支援が学生に与えられているかということであります。そのようなことから国公立大学おいても学生はお客様という面はなくはないだろうと思います。

それにも拘らず、まず、学生に対して私ども感じていることの一つは、学生とは、「教えられる者」ということだろうと思います。とはいえ、教える者と教えられる者とは違うことは確かで、そこにはかつても今もやはり違いがあるということは事実であろうと思います。特に技術面に関する事柄に関しては、その相違が歴然としてあると思います。しかし、その技術面も含めまして実際の教育の現場におきましてはかなりボーダーレスではないかと思います。つまり教えていながら実際には教えられるという面があるわけでして、いつも両者は判然と分けられるものではないとも思うわけです。

それから、「サービスの対象としての学生」ということです。これはどういうことかといいますと、私どもはキリスト教大学ですので、こういう言葉がつい出てしまうのですが、サービスというのはある意味ではその対象の人間に奉仕する、すなわちその人間を愛しているということの具体的なあられ方、これがサービスということになると思います。したがいまして教育サービスというのは非常にすぐれた愛の表現だというように思うわけです。そういうことができる対象を持っているということが、実はある意味では私どもの生き甲斐、幸せ・祝福なのではないかと思うわけです。そういう意味でこの三つの事柄を私は学生という身分を考えるときに、あるいは学生と私ども大学のスタッフとの関連において、考える次第であります。この三つのことが相互に相対的に独立しながら、しかし重なり合っているといいましょうか、あるいは境目なく結び合っているというところに学生というものの存在があるのではないかと思います。

次に、「教える者と教えられる者」に付随して教育の命令と被教育的存在としての人間ということが書いてありますが、これは少し難しく書き過ぎているかもしれません。人間は要するに教育されなければならない被造物であるという有名なカントの言葉があります。それは私どもの大学の宗教的立場から言えば、人間は教育しなければならないというふうに神から命令を受けているということになるわけです。そのように私には神の命令としての教育とそれに基づいて教育されねばならない存在としての人間ととらえて、先程申しあげましたような三つの問題を導き出した、というのが私の考えの基本なのです。

学生指導　学生支援

次にその基本から更に問題を展開してみたいと思います。本論の一に学生指導とありますが、学生支援と言っても同じことです。支援と指導では日本語はかなり違います。私はもっと平たく言えば学生のケアといいましょうか、教室以外の事柄について学生に対して、学生が必要としている助けといいましょうか、援助を与える、これが支援だろうと思います。必要としない援助はもう絶対に与えないというくらい禁欲した方が学生のためにはいいだろうというようなことを申し上げたいのです。それはその次の問題として取り上げています自律と自立ということに関連しております。学生支援の目的、また支援の意味は究極的にはそういう自律・自立であろうと思います。しかしもう少し深く考えてみますと、必要なことは何かということになります。あるいは助けを必要としていることの一番重要なことは何かといえば、やはり教育の目的ということになるのではないかと思います。

教育の目的といいますと、これは皆さんもご存じのように「教育基本法」があるわけでして、これは今改定が問題となっておりますが、教育の目的として「教育基本法」の第一条に掲げられております「教育は、人格の完成をめざし、云々……」とありますように、人格の完成にかかわる支援というのが私たちの教育の最高の目的だろうと思います。あるいは最終の目的と言ってもいいかもしれません。しかし、この人格の完成という言葉はある意味では非常にわかりにくい言葉です。およそこれは日常的な言葉ではありません。なぜならば、特別な宗教的な人間は別にして、人格の完成ということは、ありえないと思います。すべての人間は人格の完成への途上の人間であります。それが恐らく九九%当たっているのじゃないでしょうか。したがいまして、人格の完成へ向かって歩いている人間ですから、私自身を含めましてだれでも支援が必要だということが言えるわけです。従って学生であろうとだれであろうとそもそもこれは人間の究極的な目的だろうと思います。このことを自覚していることが実は非常に重要なのではないかと思います。

そのように、「教育基本法」に基づけば、人格の完成に向かって教育するということになります。あるいは人格の完成に向かう人間を支援することがなぜ必要なのか、なぜそれが重要なのかということになりますが、これも繰り返し問い直す、繰り返し理解し直す、あるいは繰り返しそれを確認するということが学生支援において重要なのではないかと思います。なぜならば、私自身がそうですが、どうしても日常的な場面では学生に対して不適切な言葉を語り、乱暴な言葉を使ったりしているのではないでしょうか。ある意味では人間を手段化するといいますか、人格の尊厳というようなこととはおよそ違うような言葉を語ったり、扱ったりするわけです。そこに私を含めて人格の完成の途上にあるということが言えるわけです。それはともかく、人格の完成への途上という、その人格とは何かというと、一人ひとりということになるわけです。一人ひとりの人格が違う。一人ひとりは人間の尊厳という点においては同じですが、一人ひとりDNAが違うように、人格が違うわけです。そこにも書いておりますが、その人格は、例えば河合隼雄の書物によれば、彼はこれを一人ひとりの人間に全く違うそれぞれの創造の種子というか、新しくつくり出す種子があるといっております。そこに人間の尊厳があるのだということを言うわけであります。その発言は旧約聖書の言葉からきているのではないかと思いますが、私の立場から言えば、それぞれの人間が特別な賜物、個性を与えられているということです。それを何とか引き出し、何とかそれを開花させる、これが彼らの受けている大学の教育であるわけでありますし、学校教育としては大学は最終機関であるわけですが、そういう時と場所で、人格の完成に向かっての学生たちであるわけであります。

この点が私は学生指導にとって非常に重要なのではないかと思います。確かに私どもは、私もそうでしたが、学生部ですることはほとんど最小限のことであります。特に私どもの大学のように大きくなればなるほど、一般的な事柄、一般的な大綱といいましょうか、そういうものを打って、それにひっかからないようにする、ないしはひっかかった者は支援するというようなことになるわけです。しかし、学生課の窓口に来る学生一人ひとりは、それこそ全く違う生活、環境、あるいは精神的な、あるいは文化的な背景の違う学生が来るわけです。そこで語る言葉、あるいはそこで提出する質問、あるいは支援、あるいは相談は、現象的には同じでも、その学生が求めているところは実は非常に違う可能性があるわけです。そのときに今ここで私が申し上げましたような人間の賜物といいますか、彼の人格が完成する途上にある人間の一番必要なことは何かということを、念頭に置き、今支援を求めていることの背景に何があるかということに少しでも気がつくことができれば、より適切なあるいは琴線に触れる支援がなされるのではないかというようにも思うわけです。

学生支援の社会的射程

次に、学生支援の社会的射程です。これまで述べましたように、個々の学生が最も尊い人格の尊厳を持ったものであり、それぞれの人格の完成に向かって支援していくのだというその思想、あるいはそういうあり方へと支援していくということは、人類社会の前進といいますか、人間の世界の目標に連なっていると言えるように思います。

とりわけ、教室や正課の授業、あるいはゼミナール、そういったものとは別のキャンパスライフの中にあります学生の支援ということは、先ほど言いました人格の完成への支援ということで教室以上に大切な面があるわけであります。そういう中で、人間の尊厳に触れる支援体制というか、支援の仕方ということがなされるならば、それはその学生が将来そういうことを背景にして社会活動をしていくこと、あるいは私どもも自身がすでにそういう心構えで学生支援をしていることの中に日本の社会構造の変革にかかわった活動がなされているのではないかということであります。少し難しいかもしれませんが、そのことにちょっと触れたいと思います。

先ほど「教育基本法」の中の、人間の尊厳、人格の尊厳というものは普遍的なものであると申し上げました。それはアメリカの独立宣言の中にうたわれているように、人間は全く平等なものとして創られているということがあるわけです。皆さんご存知のアメリカの独立宣言と共に「ドイツ連邦共和国基本法」にあらわれています。第二次世界大戦後の、つまり人格の尊厳を抹殺したヒットラー体制の後でできました「ドイツ連邦共和国基本法」、これをボン基本法と言っておりますが、その第一条に「人間の尊厳」が表明されています。「人間の尊厳は不可侵である。これを尊重し、かつ、保護することは、すべての国家権力の責務である。それゆえに、ドイツ国民は、世界のすべての人間共同体、平和および正義の基礎として、不可侵にして譲り渡すことのできない人権を信奉する」。この信奉するという言葉は珍しい言葉です。告白するという宗教的意味もある言葉が用いられております。

ドイツ連邦共和国におきましては、憲法の第一条が人間の尊厳であります。その人間の尊厳は不可侵であるといっています。これは日本国憲法もそうですし、「教育基本法」も不可侵と同じように記しています。けれども、ボン基本法は日本国憲法と違って、人間の尊厳ということが人権の前提にあることを明確にしております。即ちそこには、人間の尊厳は不可侵であるから、不可侵にして譲り渡すことのできない人権があるのだというコンセプトがあります。

そのように「ドイツ連邦共和国基本法」におきましては、人権があってそれに続いて学校制度それから政治体制、政治の問題に触れているわけです。ところが、それに対して「日本国憲法」はご存じのように天皇制がまずあります。次に天皇制あるいは政治体制について論じられています。すなわち日本国憲法では第三章の一一条に、「国民は、すべての基本的人権の享有を妨げられない」とあります。しかし、人間の尊厳は一言も出てこないのです。

憲法の外で「教育基本法」になって初めて、人間の尊厳という言葉が出てきます。何を言いたいかといいますと、日本国憲法では人権ということが何か無条件にあるように記されています。しかし、「ドイツ連邦共和国基本法」によりますと、まず人間の尊厳があるゆえにその尊厳を保証するものとして基本的人権がある、という考え方です。そして基本的な自由の人権を実現するために個々の人間の福祉と平和が必要でその目的のために政府があるという考え方の一貫性が見られます。この考え方が近代国家におきましては一般的です。日本においては第二次世界大戦後もなおそうではなかったのです。そして、いま議論されています憲法の改正の方向が、まず人間の尊厳があって、それゆえに人権があって、それから政治、国会といいますか、あるいは天皇の象徴といったことが論じられるように変われば、近代国家の憲法として整理されたものになるでしょう。私は憲法というのは変わっていくものだと思います。そこで変わる時には今述べた順序に変わって欲しいと思うわけであります。

そこで国連の「世界人権宣言」をとりあげたいと思います。その第一条をごらん願いたいと思います。「すべての人間は、生まれながらにして自由であり、かつ、尊厳及び権利について平等である」。これも非常に論理的で哲学的なというか、順序が明確であります。すべての人間は生まれながらにして自由であり、かつ尊厳及び権利について平等であるという自由から平等へという順序です。そのように考え方を記した後で、基本的人権の問題が出てくるわけですが、従ってその場合には基本的人権というのは自由の権利という表現が使われております。

次に「世界人権宣言」の第二六条の初めのところに教育のことが出ております。お読みしますと、「教育は、人格の完成並びに人権及び基本的自由の尊重の強化を指向する」。まさにここでは教育は完成に向かうものを強めるものだとあります。

そして第二六条の三を見ますと、「父母は、その児童に与える教育の種類を選択する優先的権利を有する」と。これが実は非常に特徴的なところであります。これは第二次世界大戦後のドイツやイタリアのみならず、先進国アメリカ、イギリスにおいては成文化される以前のこととしてあるように思います。ドイツにおきましては実はワイマール憲法でこの点が既に明確です。否、実は既にルターの宗教改革以来のことです。しかし私どもの憲法においても、「教育基本法」におきましても、子供に対する教育の権利はまず親にあるという親の教育的優先権、子どもに対する教育選択の権利が親にあるということが明記されていないのです。実は欧米では「私立学校」がなぜできるかといえば、親の教育の選択の優先権に基づいて出来ているわけであります。ついでにいえば、親の教育権の優先権ということが尊重されるというところに、学生はカスタマーであるという言葉も出てくるのではないかと思います。私立学校はもちろんのことでありますけれども、国公立大学におきましても授業料は親が払うわけです。それは親の教育の選択の優先権、選択権に基づいて出てくるわけでして、その親の選択権にこたえるというところに、学生がカスタマーである性格が明確に出てくるわけであります。そういうことについて、憲法ではもちろん「教育基本法」でも私どもの国ではっきりしていないので、どうしても教える者と教えられる者ということしか出てこないのではないかと思うわけです。

そのような文脈で考えると、人間の尊厳と、それに基づく人権の不可侵の権利、人間の尊厳と、尊厳に基づく人格の完成への支援として、教育機関の中における学生支援の目的が明らかになるのではないかと思います。

ただその場合に、自由を規律化する平等の役割ということが考えられねばならないとレジュメに書いてあります。すべての人間が基本的な人権を持っているわけですから、それを調整することが絶対必要なわけです。その場合基本的な自由を制限する、あるいは規律化する要件は何かというと、これはもう平等に尽きると思います。しかしいうまでもなくその逆ではありません。平等が優先するわけではなくて、あくまで自由の権利が優先します。それを私どもの学生部はいつも心がけていなければならないのではないかと思います。学生に教え、告示し、掲示する、あるいは何か口頭で注意をする、というのは極めて一般的なことでありまして、それはつまり平等の原理に則していると言ってもいいかもしれません。平等は常に学生の自由を制約するということは当然なことになります。しかしそれは、ほかの学生の自由を拘束、妨げないために行われる処置でありますから、自由のための平等であることを納得させる必要があるのではないかと思います。

迷える羊、蕩児の帰宅

次に「結び」にのところをお話ししまして、それで終わりたいと思います。

結びに、「迷える羊、蕩児の帰宅」と書きました。それは新約聖書でいう放蕩息子の譬話であり、アンドレ・ジイドの「蕩児の帰宅」のことであります。レンブラントの抱擁というのは、有名なレンブラントの放蕩息子を抱えている絵のことであります。実際に私どもがキャンパスで対応する学生一人ひとりが、ある意味では迷える羊だと言ってもいいと思います。すべての学生が何かが足りないわけです。あるいは助けを必要としています。そういう意味では迷える羊だと言えるでしょう。そしてそれらが助けを求めていくところ、必要な支援を求めているところ、そして必要な支援を与えるところ、それが学生部であるといってよいと思います。もちろん、教務部などを含めて大学のすべての部局が学生を支援するところですが、何といっても生活の次元といいましょうか、人間としての生活で一番必要な支援を求める場所というのは、学生部であるというように思います。

学生部に来る学生は多かれ少なかれ迷える羊であると思います。ですから、学生部に「二度と行きたくない」という言葉を私が聞いて、それが今でも一番悲しい思い出として残っているわけでありま す。そういうことがあってはならないのではないかと思っています。しかし、突然学生が何かを尋ねた時に、二度と行きたくないというようなことを発言することは、当然ありうると思います。そのときに私どもは複数の人間がいる場合が多いと思いますので、何らかの形で補助をするというか、そういうことができることもあり得るだろうと思います。

レンブラントの「放蕩息子」の絵のように放蕩息子が帰ってきたときに、親父さんが抱きかかえて放蕩息子を迎えたような、そういう父性愛あるいは母性愛、そういうものに何らかの形で学生も触れることができるような対応ができればいいのではないかと思うのです。しかし、それは単に甘い措置、甘い対応だけではだめなわけでして、ここが一番難しいところだと思います。いずれにしてもその学生が自立する、自分で自分を、自分の知識あるいは精神をある程度コントロールできるような人間になっていくということが目標なわけです。従ってある意味では突き放すということも大変に重要なことだろうと思います。そのように、言葉では言っても実際の対応では簡単ではない、そういう場所に私どもはいつも置かれていると思います。それにもかかわらず、一度は叱られても相談に行きたくなるようなそういう場所であるということが、学生部の一番いいところではないか、いい学生部はそういうところではないかというように思います。

わかったようなわからないようなお話になったかもしれませんが、何かお役に立つことがあれば幸いであります。大体時間になったかと思いますので、私の話はこれで終わりとさせていただきます。

ご静聴どうもありがとうございました。

（二〇〇三年五月一四日　東北地区学生指導担当部・課長研究会基調講演）

3　教育の目的、旧師のことなど

記憶の中の復興された校舎の窓からは、妨げるものとてない焼野と化した小津ヶ原が見える。そうした校舎の早い再建には、国の戦後教育への熱意が偲ばれる。わが国の戦後教育の理念を明らかにするのは、戦後逸早く施行された「教育基本法」であろう（一九四七年）。これは誰が起草したのであろうか、日本の教育思想史にはかつてなかった概念に満ちている。この基本法に先立つ優れた前例は、福澤諭吉の『学問のすすめ』であろうか。

教育基本法と『学問のすすめ』には、三つの概念が有機的に語られ、論じられている。人間の（生命の）尊厳、基本的人権、そして国民主権の民主主義社会の三つである。これらの三つは、いうまでもなく長い歴史的背景をもった概念である。そして、一八世紀以降、人間観や社会構成原理の基本的価値となった。ソ連・東欧社会の崩壊はこの概念の重要性を教える反面教師の役割を果たした。ポストモダン思想家といわれるＪ・Ｆ・リオタールも、未来のために、人間の尊厳と権利についてなお考えるべきだという。三つの概念を自由で平等なデモクラシーの社会というように、個人と社会の形成原理と考えてみると、これは確かに人間にとって永遠の、終末論的課題といえよう。

このようなことについて、旧制高校で特に教わった記憶は余りない。しかし、英語の教科書だったJ・S・ミルの「自由論」（阿部孝先生）、同「功利論」（吉川進先生）、寺田健比古先生のプラトンやダンテの英訳、塩尻公明先生の婦人論（男女平等論）等々、いずれも上記の教育基本法のいう教育の目的そのものに関わるものであったことを、先生方独特の訳語と共に想い起こす。また、卒業後もお世話になった暉峻凌三先生が「高知時代は、（教育に）ベルーフを感じていた」と、はにかみながらいわれた言葉も忘れられない。いずれも感謝の思い出である。

旧制高校のない今日、大学の課題の一つは、そのような普遍的価値による教養（人間形成）のための教育を、限定された条件の中で、どのように正課・課外のカリキュラム化し遂行していくかであろう。

（一九九五年　雑誌「南溟」）

4　学都仙台と大学間単位互換

仙台市は明治後期、人口比の大学数からして、日本一の学都であった、と阿部博之東北大学総長は、本学の大学創立五〇周年記念講演で語られた（「東北学院時報」一九九九年五月一五日号参照）。また仙台市の佐藤信夫生涯学習部長によると、仙台市は「将来基本計画」（平成一〇年三月）に将来の市の呼称の一つとして学都仙台を採用している由である。筆者も藤井黎市長から学都仙台の呼称をいろいろな機会に伺っている。本学の卒業生の間では学都仙台というのはごく自然な名称として受け取られている。

それでは、学都仙台という呼称はいつから広く用いられているのであろうか。近世日本史専攻で仙台市史にも詳しい本学史学科の難波信雄教授から「〇〇都という表現は大正期のもの故、『学都仙台』の呼称は大正時代からではないか？　資料的には昭和三年の東北産業博覧会のパンフレットに見える」と御教示くださった。

平成九（一九九七）年一二月第一回仙台学長会議で、世話人の一人として筆者は、「学都仙台づくりについて」という前書きで単位互換制度を提案した次第であった。仙台市は平成七年一月に設置された「高等教育ネットワーク・仙台」（仙台市生涯教育部）によって仙台圏大学・短大の公開講座を総合的にＰＲし資金援助をしてきている。これは、学都仙台のインフラストラクチャーをなすものと受け取ることが許されるかも知れない。ところで、去る五月八日学長会議で承認された学都仙台大学間単位互換制度は、学都仙台にどのように関わるのであろうか。改めて考えてみると、仙台市は大学の数が多く、従って大学とその付属施設をふくめた教職員とその家族、そして学生、研究生の総数は多分仙台市の人口の一割に近いであろう。この数そのものが既に学都仙台と呼ばれるに相応しい。しかし、仙台圏の約二十の大学・短大が設置形態の違いを超えて単位互換、即ち、学生がその所属大学以外の大学の講義を聞き、単位取得ができるということは、単なる数量的な意味での学都仙台とは違う量的な学都仙台を創出することになるであろう。

一つの大学で、すべての専門教育を行うことも多方面の特色ある教養科目を揃えることもできない。同じ科目でも他大学の聴講で触発されることもあろう。学生の知識・学習欲を広め・高めることはもちろん、自己の才能に適した専門分野の発見にも、今回の単位互換は意義があるであろう。

相互開放は大学間の比較、特色を発揮した自由な競争にもなるであろう。学都仙台に学べば多様な大学に学べるという魅力を発信することにもなろう。高学歴高齢化時代を生きる市民にとっても、ある大学を通じて――やがては国の内外の――大学で幅広く学び、教養を積むことは、一つの豊かな生活といえるであろう。この度の単位互換制度が順調な歩みを進め、このような学都仙台造りに資することができるようにと願っている。

（二〇〇〇年「七十七ビジネス情報」）

5　地方分権・地域経営を支える思想

日本の政治的統一と近代化は、薩長を中心にした所謂官軍によってなされた。その頂点にあったのは大和朝廷以来の天皇であった。その大和朝廷とそれを担ぐ諸幕府にとって東北は征服されるべき蝦夷（えみし）であり夷狄（いてき）と蔑視された。勿論、日本の統一とその近代化がそのように、官中心の天皇制によってなされ、それがもたらした功績や利益をわれわれも享受してきたことを充分に認めなければならない。

しかし、歴史的に見ると、三内丸山遺跡にみるように、東北は大和朝廷が出現する数千年以上も前に、政治・文化の中心を持っていた。またわが国の統一の過程もイングランド対スコットランド、ウェールズあるいはプロセイン対バイエルンのように対置して捉えてみることもできる。要するに、蝦夷（えみし）とか官軍とか賊軍というのは全く支配者の価値観に由来したものに他ならない。情報社会の今日、政治、経済の中央集権の中心から見た中央と地方の構図が、そのまま細分化された文化・芸術・学問・科学の中心ではもはや到底ありえない。ましてや人間の価値や社会的地位を決定するものでないことはいうまでもない。

上記の視点からして、かつて高橋富雄教授によって明らかにされた「東北史学」が大和朝廷と東北との歴史的位置関係を開明したことの功績は大きい。そして、それに続く、北海道・東北の古代・中世・近世史関係の歴史研究（大石直正教授、榎森進教授、辻秀人教授など）の成果もわれわれに東北についての再認識を迫った。今日は更に、日本の東北は、アジアの東北の一部に過ぎないという観点から理解されねばならない。中国東北部、沿海州、シベリア、サハリン、東北・北海道を含めた広域の研究が、文部科学省の科研費やオープン・リサーチの援助をえて、細谷良夫教授、佐川正敏教授などを中心に永年国際的共同研究として進められてきている。このような研究は、日本の東北の位置・役割を、日本を越えた視点から一層明確にしてくれるであろう。同様に、国際政治を舞台に活動したかつての新渡戸稲造、斉藤実、今日の明石康氏、政治学者の吉野作造、自然科学者野口英世、八木秀次、西澤潤一教授などの人々は広い視点からわれわれを鼓舞する。

いずれにしても、これからの東北の地方分権と地域企業経営という政治的経済活動は、それ自身は極めて政治的経済的問題である。しかし、それを思想的に支えるものは、多かれ少なかれ、下からの民の活動と切り離すことはできない。人々の自立した市民活動、官中心から民中心への展開と連動したものとならざるを得ないであろう。地方分権を強力に押し進めるためには、民に出来ることは民に任せ、官に出来ることに官の権力と財力は集中することである。民の能力、発意と利害関係を最大限利用することである。そのようなデモクラシーの思想は教育、人間形成の問題と密接に関係している。また、ＮＰＯに見られるような個人の自由な選択とそれに伴う責任を基礎とした多様な市民社会の形成が、今後の日本のまた東北の進む方向でもあろう。その意味でも、高等教育機関の知的、精神・思想的役割は重要である。

（「東北開発研究」二〇〇二年一〇月）

6　久山康先生とその周辺

第二次世界大戦以後は、かつて河合栄治郎編『学生と教養』シリーズが果たした学生の人間形成のための読書案内を担うような書物はない。それに近い役割を果したのではないかと思われるのが、『読書の伴侶』である。久山先生のお名前を存じあげるようになったのは、私もまた本書とそれに続く『信仰の伴侶』であった。後者の出版の頃私は神学生であった。卒業後、東京信濃町教会副牧師の時、会堂で一度先生にお目にかかった記憶がある。

先生と親しく言葉を交わすようになったのは、先生が関西学院理事長・院長になられてからのことである。山内一郎教授と関学の教職員食堂で食事を共にし、それから院長室にお訪ねした。何の用件であったか、それは定かでない。先生からのお呼び出しで伺ったことは確かである。それから暫くして東京でお目にかかり、先生から転任についての要望が強く出された。当時東北学院以外のことは考えられなかった私はお断りしたが、この勧誘は私を先生に近づけただけでなく、その後先生から、何かにつけて声をかけて下さる切っ掛けになった。先生がキリスト教文化学会の理事長の時、講演を命じられたが、私もこの会の理事長を命じられた時、最初の講演を先生にお願いした。短い文章であるが、『兄弟』にも寄稿するようになった。何度か院長室を訪ねたが、大抵帰りは院長車で西宮北口まで送ってくださった。年に数回、先生から比較的長い電話をいただいた。いずれも先生がかかえておられる問題についての解決の希望や大学の将来計画についてであった。電話の終わりはきまって来阪の際は寄るように、で結ばれていた。関西学院を辞せられてからの電話は執筆や出版の希望、『兄弟』についての企画が中心であった。昨年の暮れも同じように先生から電話があった。その時、先生の吐息が受話器に聞こえてきたのが気がかりであった。

先生との出会いの遥か前に——もう四十五年前以上になるが——先生の従兄・従姉、姪の方々（山谷省吾先生、樋口左右子さん、早野和子さん）を、同じ教会の牧師、長老、教会学校の生徒という形で、あるいは、最もお世話になったご家庭の一つとして存じていた。よくお邪魔した樋口夫人から、「私たちは久山の結婚の仲人だったんですよ」と伺ったのはいつ頃のことであったであろうか。一九七〇年の夏、山谷先生を帰省先、岡山県勝山町に訪ね、一泊し、翌日は隣家にも挨拶に伺ったことを思い出す。隣家は中西梧堂の俳友山谷太郎（『野鳥歳時記』の著者山谷春潮）さんの実家であり、久山先生のご母堂の実家でもあった。久山先生の短歌を読むと、かつて山谷太郎夫人綾子さんから戴いたその『歳時記』のこと、昨年、角川俳句賞を受賞した早野和子さんの『運河』その前の『椨』やさらに同じく先生の甥シナリオ・ライターの倉本聰さんへと想いが及ぶ。この想いは久山先生の思想の根底にあった芸術家のエルプタイル（素質）を明らかにしていく。それと同時に、それらの方々を貫くものとして先生の他者を信じる生来の無防備的自然態――先生のお人柄の素晴らしさ――の根源をも示しているように思う。

この先生の精神的エルプタイルとドストエフスキー、キェルケゴール、さらに橋本鑑に傾倒したものが先生の思想の中心であり、御高著『ヨーロッパ心の旅』や『人間を見る経験』などの軌軸であった。それだけに教育行政家あるいは事業家としての先生は、抱いておられたスケールの大きい理想や目標をより現実的に実現するための協力者、支援者を必要としていた。先生はそれらの点においても多くのよき理解者、補助者を与えられていた。兵庫県や関西の政界や財界、特に、関西学院の先生方が永年にわたって先生を支え共に歩まれたことは、先生の真心に動かされた人々の多かったことを示している。先生との交わりはこれからと思っていた者として、先生の突然の死は残念でならない。

（基督教学徒兄弟団「兄弟――久山康先生追悼」四三五号、一九九五年）

あとがき

東北学院に職を奉じて、今秋で四五年になる。最近の一五年間は、副学長あるいは学長として改革に関わった。その「改革の経緯と現状」を四五頁の小冊子に、大塚浩司副学長が編集し、東北学院大学で公刊して下さった。それを見て、大学の改革はその構成員のどれだけ多くの方が参加するか、ないしは、改革の思想・理念・目的にどれほど賛同しているか、にかかっていることを改めて理解した。その点でよき理解者・協力者・支援者を与えられたことは幸いであった。東北学院大学の改革についてみれば、改革の理念、具体的提案・その成果と辿ってみると、具体化したものは、ごく当たり前の、一般的なことに限られている。その意味で、最も重要なことは、日常的に常に改革してゆく姿勢と、改革を実現するシステム・体制とりわけ教職員の協力、改革の意欲ではないかと思っている。その意味でも、東北学院大学が常に改革される大学（universitas semper reformanda）であるべきプロテスタント大学として存在することを命じられていることは幸いである。しかしそれは、教育共同体の構成員の一人として生涯悔い改める者であることと不可分離に結びついている。なぜなら、すべての人間が、その思想と行動において、不完全でかつ私的動機（プロ・メー・モティーフ）から自由でないからである。その点で、自己聖化・自己義認を矯正し、相互批判する人的関係とその組織・制度を必要としている。

本書に収められた諸文章は、学長就任（一九九五年四月）時代のものである。多種多様な機会、目的のために記され、語られたものである。重複の多いことをお許し願えればと思う。

欠け多い者を、今日まで支え、導き、協力して下さった東北学院内外の師友と東北学院の教職員の方々に感謝の念を改めて思うものである。

本書の出版にあたって種々お世話になった山本俊明氏をはじめ聖学院大学出版会の皆さんに感謝申し上げたい。

（二〇〇四年五月二六日記）

附　記

本書には、近藤勝彦教授との共著『キリスト教大学の新しい挑戦』一九九八年、聖学院大学出版会刊）から数篇の転載がある。すなわち、本書一の1、三の1～3、10～12である。学長任期中のものを本書にまとめた次第である。

なお転載に当って、見出しを変え、若干加筆しました。

著者紹介

倉松　功　くらまつ　いさお

1928年高知県に生まれる。旧制高知高等学校、旧制日本基督教神学専門学校（現東京神学大学）卒業、日本キリスト教団信濃町教会副牧師を、ハイデルベルク大学に留学、東北学院大学教授、同学長を歴任、現在、東北学院長、文学博士。

〔著書〕『ドイツ教会闘争』、『ルターと現代』、『教会史中』、『ルター，ミュンツァー，カール・シュタット』、『ルターにおける改革と形成』、『ルター神学とその社会教説の基礎構造』、『ルターその信仰と神学』、『宗教改革，教育，キリスト教学校』、『ルターとバルト』、『キリスト教信仰概説』、『ルター神学の再検討』、『神と自然と人間』他。
〔共編著〕倉松・近藤編『人類・文明の救済とキリスト教』、山田・倉松編『キリスト者の敬虔』、倉松・並木・近藤編『知と信と大学』、倉松・近藤編『福音の神学と文化の神学』、倉松・近藤『キリスト教大学の新しい挑戦』
〔訳書〕S・キェルケゴール『神への思い』、M. ルター『教会の教職の任命について』、B. A. ゲリッシュ『恩寵と理性―ルター神学の研究』（共訳）他多数。

私学としてのキリスト教大学

2004年 8 月27日　初版第 1 刷発行

著　者　倉　松　　功
発行者　大　木　英　夫
発行所　聖学院大学出版会

〒362-8585　埼玉県上尾市戸崎 1 － 1
電話　048 － 725 － 9801

ISBN4 － 915832 － 58 － 9 C3037

ルター神学の再検討

倉松　功　著

宗教改革者M・ルターの神学は戦後、ルター派神学者たちのナチスへの協力などの事実からも、多方面から批判されてきた。著者は、ルター批判の妥当性を承認しつつも、その神学思想を原資料から読み直し、時代状況のなかから再検討した。一方で、ルター神学の本質と構造を解明し、他方でその思想が、文化多元主義社会、人権の確立、デモクラシー社会の形成などの現代的課題にどのような有効性をもっているかを明らかにする。

Ａ５判　上製　五〇四〇円

ラインホールド・ニーバーの歴史神学

ニーバー神学の形成背景・諸相・特質の研究

高橋義文　著

神学者、社会活動家、政治哲学者、倫理学者、歴史哲学者、文明批評家等々幅広い活動を展開したR・ニーバーの神学思想を解明する気鋭の書き下ろし。ニーバー神学形成の背景（青年期のニーバーを育んだ教会とその神学的土壌、デトロイトでの牧会、ユニオン神学大学への赴任）、ニーバー神学の教義的諸相（中期のニーバーの思想を丹念に追い、神話・象徴・啓示、人間、終末論、キリストなど）、ニーバー神学の特質の三部からなる。

四六判　上製　四四八六円

パウル・ティリッヒ研究

組織神学研究所　編

ティリッヒは、バルトと並ぶ二〇世紀の弁証法神学の巨匠であるが、本書は、存在論に基づく体系的な大著『組織神学』を中心に、一年間の共同研究をまとめたものである。主な目次／ティリッヒの世界へ入って行く、ティリッヒの牧会心理学への貢献、ティリッヒの組織神学における生と霊の働きとの関係、ティリッヒとハイデガーの構造論的相同性、ティリッヒの歴史神学の一局面、ティリッヒのキリスト論における新存在の概念とその問題点。

Ａ５判　上製　三九九〇円

パウル・ティリッヒ研究2

組織神学研究所　編

ティリッヒの大著『組織神学』の一年間にわたる共同研究の総まとめとして八名の研究者が書き下ろした論文をまとめたもので、Ⅰ神学史におけるティリッヒ、Ⅱ新しい存在、Ⅲティリッヒ神学の根本問題、の三部からなる。またティリッヒの高弟、L・ギルキー博士の論文をも収録。

A5判　上製　三九九〇円

近代人の宿命とキリスト教
世俗化の人間学的考察

金子晴勇　著

本書は、近代社会における宗教の衰退、あるいは宗教の個人化という「世俗化」現象を分析し、解明してきた宗教社会学の成果を批判的に吟味し、また現代の諸科学における「世俗化」の理解をとりあげながら、人間学的な観点から「世俗化」現象を考察する。宗教社会学・諸科学では欠落させてしまう人間の霊性に考察の光をあて、現代において人間的精神を回復させる宗教の意味を論じる。

四六判　上製　三一五〇円

アメリカ史のアイロニー

R・ニーバー　著
大木英夫・深井智朗訳

アメリカは二〇世紀の半ば、突如として、国民的経験も精神的準備もないままに世界史的勢力として台頭し、世界史の中に躍り出た。この「大国」アメリカはどこに向かうべきか。本書は、原書が一九五二年に出版されているが、世界史的「大国」アメリカの問題を「権力の腐敗」の問題として鋭く抉り出し、アメリカを自己認識と責任意識へ導こうとする。現代の問題をも照射するアメリカ論の新訳である。付録として巻末にニーバーの「ユーモアと信仰」を所収。

四六判　上製　三九九〇円

キリスト教学校の再建
教育の神学　第二集

学校伝道研究会　編

現代日本における多くの教育的課題の中で、キリスト教学校の教育的意義を神学、歴史学、教育学、思想史など、さまざまな領域の研究者が論ずる。第一章キリスト教学校の形成／キリスト教学校の現代的意味、キリスト教大学、キリスト教大学の神学的基礎付け試論、第二章キリスト教教育の理論／キリスト教古典に聴く教育の原理、人間学から見た霊性教育、第三章現代における教育の課題／競争主義社会における教育の問題、第四章キャンパスミニストリーの方向、ほか。

Ａ５判　上製　三五七〇円

キリスト教大学の新しい挑戦

倉松　功・近藤勝彦　著

東北学院大学、聖学院大学の場を基に、神学者の立場からプロテスタント・キリスト教大学の在り方を、その可能性と理念を説く。序論　キリスト教大学の建学の精神とその意義／第一部　キリスト教大学の教育とその可能性　一教育をめぐる問題とキリスト教　二これからの日本とキリスト教教育　三キリスト教大学の形成の中で／第二部　キリスト教大学の理念　一キリスト教大学の学問と教育　二大学の基盤とキリスト教　三大学のキリスト教的可能性について、ほか。

四六判　上製　二五二〇円

「宇魂和才」の説
21世紀の教育理念

大木英夫　著

「和魂洋才」は、明治政府が富国強兵をめざしてとったスローガンだが、いまのグローバリゼーションの時代に、著者は戦後五〇年を経た危機的閉塞状況から脱皮するには、「和魂洋才」に代えて「宇（宙）魂和才」でなければならぬとし、これに基づき二一世紀の教育のあるべき理念を論ずる。「大学の理念と学問の再統合」医の倫理との関連において、霊的次元の回復、「和魂洋才」でなく「宇魂和才」でなければならぬ――新しい日本の文化形成の指導理念、ほか。

四六判　上製　二五二〇円